Illustration : Francine Auger.

Gratien Gélinas, 1909-1999.

Anne-Marie Sicotte

Anne-Marie Sicotte s'intéresse depuis longtemps à l'histoire et à l'écriture. Après avoir obtenu son baccalauréat en histoire et en anthropologie, elle est devenue rédactrice en chef de *L'Éclusier*, un mensuel s'intéressant à l'histoire du canal de Lachine. Pour Parcs Canada, elle a également signé un guide historique qui s'adresse aux cyclistes, *De la vapeur au vélo*. Mme Sicotte a ensuite été journaliste-pigiste et rédactrice en chef pour divers journaux et revues (dont *Liaison-Saint-Louis* et le *Magazine M*), puis elle s'est consacrée à la recherche et à la rédaction de la biographie de Gratien Gélinas, *La ferveur et le doute*, publiée en 1995. Plus récemment, Mme Sicotte était rédactrice en chef de *L'Express du Canal*, journal publié par Parcs Canada sur l'histoire du canal de Lachine et sa réouverture à la navigation, prévue pour l'an 2002.

La collection
LES GRANDES FIGURES
est dirigée par
André Vanasse

Le comité éditorial est composé de
Xavier Gélinas
Jean Provencher
Gilles Thérien

Dans la même collection

Gratien Gélinas

La publication de cet ouvrage a été rendue possible grâce à l'aide financière du ministère du Patrimoine canadien par l'entremise du Programme d'aide au développement de l'industrie à l'édition (PADIÉ), du Conseil des Arts du Canada (CAC), du ministère de la Culture et des Communications du Québec (MCCQ) et de la Société de développement des entreprises culturelles (SODEC).

©
XYZ éditeur
1781, rue Saint-Hubert
Montréal (Québec)
H2L 3Z1
Téléphone : 514.525.21.70
Télécopieur : 514.525.75.37
Courriel : xyzed@mlink.net
Site Internet : www.xyzedit.com

et

Anne-Marie Sicotte

Dépôt légal : 2ᵉ trimestre 2001
Bibliothèque nationale du Canada
Bibliothèque nationale du Québec
ISBN 2-89261-308-6

Distribution en librairie :
Au Canada :
Dimedia inc.
539, boulevard Lebeau
Ville Saint-Laurent (Québec)
H4N 1S2
Téléphone : 514.336.39.41
Télécopieur : 514.331.39.16
Courriel : general@dimedia.qc.ca

En Europe :
D.E.Q.
30, rue Gay-Lussac
75005 Paris, France
Téléphone : 1.43.54.49.02
Télécopieur : 1.43.54.39.15
Courriel : liquebec@noos.fr

Conception typographique et montage : Édiscript enr.
Maquette de la couverture : Zirval Design
Illustration de la couverture : Francine Auger
Recherche iconographique : Anne-Marie Sicotte

GÉLINAS

Gratien

DU NAÏF FRIDOLIN
À L'OMBRAGEUX TIT-COQ

éditeur

Gratien Gélinas et Simone Lalonde, au début des années trente.
Gratien, alors comédien et monologuiste amateur,
courtise la jeune institutrice.

1

La veillée du dimanche soir

L'horloge du salon sonne la demie de sept heures et, dans la tête de Simone, une douce musique commence. Elle reconnaît les premières mesures de *L'invitation à la valse*, qu'elle joue au piano en duo avec Gratien. Elle sourit, se souvenant de la quantité de fausses notes qu'il a faites la dernière fois. Il faudra qu'elle trouve une pièce plus facile !

En fredonnant, Simone se regarde une dernière fois dans le petit miroir au-dessus de la commode. Elle lisse sa robe, resserre la ceinture qui lui fait une taille fine sous son buste généreux. Elle replace une mèche dans sa tresse noire enroulée autour de sa tête, puis pince ses joues rondes pour rosir sa peau mate.

Qu'a donc écrit Gratien à son sujet? Elle ouvre le tiroir de sa table de chevet et en sort une liasse de lettres bleues, couvertes de l'écriture large de Gratien. Elle fouille et finit par trouver celle qu'elle cherche, datée du 16 mars 1931 :

M'amie que veux-tu que je te dise, ce soir? Que je t'aime? C'est banal ces mots-là : on les traîne partout. Mais quand c'est à nous qu'on les dit, cela nous donne un petit toc au cœur, n'est-ce pas? Alors, je te dirai : je t'aime, mon petit. J'aime tes cheveux que tes doigts de fée font si beaux et dont les boucles frôlent mes joues quand je danse avec toi. J'aime tes bons yeux craintifs, si loin parfois. J'aime ton rire d'enfant sincère. Je t'aime, m'amie, parce que tu n'es pas moi. Je suis fantasque, prompt, changeant, facile à irriter et facile à calmer, «pointu» parfois. Toi, tu es posée, concentrée. Tu ne fais pas, comme moi, de grands gestes inutiles en parlant.

Tous deux, cependant, nous avons une âme de feu, bien que la mienne caractérise tous mes mouvements, tandis que chez toi, elle ne perce que quand c'est nécessaire [1].

Simone hume les lettres, séduite comme chaque fois par le mélange d'odeurs qu'elles renferment. L'encre, la colle, la main de son «grand bébé fou»... Souvent, elle pense à lui, assis à son petit bureau, près de son lit. Elle a vu sa chambre une seule fois : une pièce étroite, mal éclairée, austère, mais pleine de tout ce

---

1. Fonds Gratien Gélinas, Archives nationales du Canada. Sauf indication contraire, tous les extraits de lettres, billets et journaux intimes en proviennent.

qu'il aime, ses livres, ses cahiers, la grande lampe sur pied, la cretonne sur le lit...

Simone sort dans le corridor. Gratien qui n'arrive pas! Elle écoute les bruits de la maison. Son père, Éloi Lalonde, fume son cigare sur le balcon d'en arrière; sa belle-mère s'absorbe dans une dernière tâche ménagère tandis que ses jeunes sœurs courent d'une pièce à l'autre, passionnées par quelque jeu. Elle entend un tramway circuler sur le boulevard voisin, tandis qu'une charrette à cheval passe dans la rue.

Le coup de sonnette de Gratien! Simone n'a pas besoin de crier qu'elle va répondre, le rituel du dimanche soir est bien établi maintenant. La jeune fille marche posément jusqu'à la porte d'entrée, parce qu'elle sait que malgré l'apparent détachement de tous, de nombreuses oreilles écoutent. Parfois, comme elle aimerait courir! Dans les heures qui précèdent la visite de Gratien, une rumeur s'enfle en elle, comme un oiseau qui bat frénétiquement des ailes... et qui, au son de la sonnette, voudrait s'envoler dans une sorte d'exultation.

Ouvrant la porte, Simone reçoit en plein cœur l'effluve du printemps, l'odeur des lilas fanés et des jeunes feuilles d'arbres à peine écloses. Gratien est là, adossé à la balustrade. Il est chic, habillé d'un complet-veston et coiffé d'un feutre à la dernière mode. Il tient un petit bouquet de fleurs à la main. Enlevant son chapeau qui découvre une courte tignasse de cheveux châtains, il salue bien bas, un sourire légèrement moqueur aux lèvres, et lance:

— Mademoiselle, j'aurais parcouru toute la ville pour recevoir l'éclat de votre regard profond comme un lac d'Écosse!

Simone laisse échapper un petit rire, car elle a reconnu une réplique de la pièce de théâtre dans laquelle il jouait la semaine précédente. Le héros répétait sur scène la tirade d'amour qu'il allait, en coulisse, déclamer à sa belle... Gratien s'avance et lui pose délicatement un baiser sur la joue. Elle recule, saisie par son audace, et ne peut s'empêcher de regarder en arrière. Seule la petite Rhéa passe dans le couloir, son missel à la main. D'une voix un peu altérée, Simone demande:

— La route n'a pas été trop longue?

Gratien habite rue des Carrières, près de la voie ferrée, à une heure de tramway de Verdun.

— Au contraire, j'en ai profité pour apprendre un poème.

Gratien entre et Simone regarde furtivement, au passage, ses yeux d'un bleu tendre.

— Salut l'artiste! s'exclame Éloi en s'avançant vers Gratien, la main tendue. Il paraît que tu étais très bon, l'autre jour. On vous laisse le salon, mets-toi à ton aise, mon jeune!

Gratien serre vigoureusement la main tendue, le visage fendu d'un sourire heureux qui émeut Simone. Elle sait que le jeune homme est infiniment soulagé de cette poignée de main par laquelle Éloi lui témoigne sa confiance. Après ce que Gratien a raconté à Simone à propos de son passé, faits qu'elle a dû relater à ses parents, Éloi aurait pu leur interdire de se revoir. Au contraire, il a convaincu sa femme, très pieuse, que Gratien était malgré tout un bon parti.

Dans le salon, Simone dépose le bouquet sur une table et s'assoit sur le canapé. Gratien s'installe à côté d'elle mais à distance respectueuse. Il tripote son chapeau, tandis que Simone regarde droit devant. Pendant les premiers mois de leurs fréquentations, une des fillettes venait toujours leur tenir compagnie. Mais maintenant, Simone et Gratien ont le salon pour eux seuls.

Simone se remémore ce qui s'est passé sur ce même canapé trois semaines plus tôt. D'une voix altérée par l'émotion, le visage couvert de larmes, Gratien lui a confié que son père n'était pas mort, contrairement à ce qu'il lui avait dit d'abord. Mathias Gélinas s'est enfui aux États-Unis parce que sa femme, Genèva, lui réclamait une pension alimentaire après leur séparation devant le juge. Les parents de Gratien sont séparés! Selon la belle-mère de Simone, c'est un grave péché. Il ne faut pas séparer ceux que Dieu a unis.

Comme Gratien avait la gorge serrée! Sa main tremblait dans la sienne et chaque mot qui sortait de sa bouche semblait le torturer. Néanmoins il avait continué son récit, expliquant à Simone les événements qui avaient conduit à la séparation. Comme son père changeait constamment d'emploi, ils étaient pauvres. Ses parents se disputaient tout le temps et l'un ou l'autre, à plusieurs reprises, avait quitté la maison avec les meubles et parfois avec les enfants. Sa mère, Genèva, obligée de travailler, pouvait selon la loi se voir arracher le fruit de son labeur par son mari.

Gratien lui parlait tellement bas, avec tant d'hésitations que, à tout moment, un membre de la famille passait devant l'entrée du salon pour s'assurer que le couple ne manquait pas aux convenances... La détresse de Gratien semblait celle d'un enfant abandonné. Simone aurait voulu le bercer, sa tête au creux de son épaule. Elle aurait voulu lisser son front qui, en se plissant, se marquait de deux rides trop profondes pour un jeune homme de vingt et un ans, et aussi passer son doigt autour de ses yeux, sur les paupières tombantes qui lui faisaient un regard parfois si mélancolique.

Il lui avait raconté quelques épisodes de l'espèce de guerre entre ses parents, et Simone était restée effarée par le nombre de déménagements. Quinze, vingt? Quand Genèva s'était fatiguée de suivre Mathias et s'était établie seule, il était venu plusieurs fois enlever les enfants et les cacher dans un autre quartier ou un autre village... Enfin, Gratien avait chuchoté qu'on avait fait des pressions sur lui pour qu'il trahisse sa mère, qu'il lui retire sa loyauté au profit de son père.

Simone s'arrache à ses réminiscences avec un soupir. Elle a senti son attachement pour le jeune homme grandir encore. Ne lui a-t-elle pas écrit, tout de suite après :

Viens vite mon petit bébé, faire panser tes blessures par ta petite garde-malade bien sensible, tendre et aimante.

Gratien et Simone se fréquentent depuis six mois. Ils ont connu quelques orages; Gratien est parfois impulsif et exigeant. Et puis, aucun des deux n'a l'habitude de l'amour. Ils s'en font pour des peccadilles et imaginent souvent chez l'autre des intentions qui n'ont jamais existé. Gratien s'impatiente devant l'apparente froideur de Simone. La jeune fille de dix-neuf ans sait qu'elle est «excessivement concentrée», comme elle le lui a écrit un jour. Voilà pourquoi l'âme de feu de Gratien la réchauffe, et pourquoi elle admire tant sa passion pour le théâtre.

Souvent, les soirs de veillées, il récite des monologues devant la famille Lalonde. Ce sont parfois des poèmes épiques qu'il déclame, la main sur le cœur. Ou, parfois, des histoires franchement drôles qu'il raconte avec un style enfantin, d'une voix monocorde qui met en joie les jeunes sœurs de Simone. Gratien a fondé, avec des amis, une troupe de théâtre amateur, Les Anciens du Collège de Montréal. La semaine précédente, le 5 mai 1931, la troupe donnait son deuxième spectacle, une pièce intitulée *Les petits oiseaux*, et Simone a eu la permission d'y assister.

La mère de Gratien, Genèva Gélinas, y était aussi. C'est une maîtresse femme, petite et plantureuse, bien habillée et d'un port très digne. Elles ont regardé le spectacle ensemble et, pendant l'entracte, Simone a été impressionnée de voir à quel point Genèva semblait à l'aise en société, ayant de bons mots pour chacun et prompte à louanger le jeu de son fils qui se spécialise dans des rôles de composition de «vieux», comme il dit. C'est qu'il n'a pas le physique d'un jeune premier. Il est petit de taille, très mince, et son visage n'est pas harmonieux. Il a le menton pointu, une grande bouche, des sourcils épais et fortement arqués.

— Et alors, Simone? Tu es partie si vite, l'autre soir après la représentation. C'est vrai, tout ce que tu m'as écrit?

Gratien la regarde d'un air presque suppliant.

— Sûrement, si je l'ai écrit! réplique Simone, piquée.

Puis elle ajoute, avec un sourire moqueur:

— Qu'est-ce qu'il y avait dans ma lettre, déjà?

Gratien se recueille un moment et récite:

Tu entres tellement bien dans tes rôles, que j'en ai toujours pour deux, trois jours à ne te voir que dans ces «peaux» qui ne sont pas les tiennes. Il va falloir que je te regarde bien demain et que tu me montres un tout autre caractère, pour que je ne te prenne pas pour François mais qu'en Gratien je te trouve aimable.

Il s'arrête alors et la regarde. Il n'a sûrement pas oublié la toute fin : *Un peu d'amour encore de Mona.* Pour rompre le silence trop chargé, un silence où il ne faudrait qu'un geste d'elle pour que Gratien la prenne dans ses bras, elle dit avec un entrain exagéré :

— Je trouve que tu rends très bien tes personnages, on y croit vraiment !

Simone admire le talent d'acteur de Gratien. Elle aurait bien quelques remarques à faire, trop de gestes, une sorte de... nervosité un peu lassante. Mais elle se tait. Après le premier spectacle de sa troupe, alors qu'elle osait émettre une petite critique, il lui a lancé d'un air méprisant : « Qu'est-ce que tu connais là-dedans ? » Il s'est excusé ensuite, mais elle a réalisé l'extrême susceptibilité de Gratien. Elle a compris aussi que sa tâche était de le soutenir et de l'encourager.

Gratien lui raconte comment il a vécu son rôle, à quel point il s'y est investi comme jamais auparavant, et alors Simone se laisse emporter par sa fougue. Gratien se donne si totalement au théâtre ! Comme il doit être agréable de ressentir une griserie si rayonnante et ardente ! Simone pense avec une grande lassitude à son métier d'institutrice, aux enfants pauvres et bruyants qu'elle doit éduquer à force de persévérance. Sa vie lui apparaît parfois si insignifiante...

Avec un effort — parler est toujours pour Simone un effort, elle préfère le silence —, elle raconte sa semaine à Gratien, comment elle a dû réprimander un élève, et le matin où elle est arrivée en retard parce que Éloi souffrait de l'estomac.

— Vraiment? demande Gratien, distraitement. Il va mieux maintenant?

Simone acquiesce.

— J'ai décidé, poursuit le jeune homme, d'entrer à l'École des Hautes Études Commerciales en septembre.

Simone fronce les sourcils. Gratien se hâte d'ajouter:

— Tu sais, si je suis comptable toute ma vie, il faut que j'étudie pour améliorer ma situation.

— Tu vas suivre un cours par semaine?

— Quatre, jette Gratien sans la regarder. Sans ça, je ne peux pas avoir de bourse.

Le cœur de Simone bat très fort, et elle a envie de protester. Gratien est déjà si occupé! Teneur de livres pour la compagnie d'assurances La Sauvegarde et vendeur de chaussures le vendredi soir et le samedi toute la journée. Il n'a pas le choix, comme il le lui a répété souvent. En cette année 1931, les emplois sont rares et ceux qui ont la chance d'en avoir un doivent se contenter d'un salaire de crève-la-faim. À cet emploi du temps chargé il faut ajouter les répétitions des pièces, et parfois il donne des monologues aux fêtes de paroisse...

— Le dimanche, dit Gratien en lui prenant la main, je le garde pour toi. Et puis on s'écrira, j'aime tellement recevoir tes lettres! Viens danser...

Il se lève et met un disque sur la platine du gramophone. Tous deux s'enlacent; ils dansent, un peu gauchement d'abord. Lentement, Simone s'abandonne à l'étreinte de Gratien, effleurant son épaule de son menton. Dans son dos, la main du jeune homme se fait de plus en plus lourde. Soudain, il lui donne un baiser dans les cheveux, furtif, mais elle croit ressentir une brûlure là où il a posé ses lèvres. Une telle caresse, si innocente, n'est sûrement pas un péché...

— Cette nuit, Mona, j'ai rêvé... murmure Gratien.

Simone se raidit. Elle craint qu'il aille trop loin, mais il ajoute:

— J'ai rêvé que je retournais au collège. J'étais tellement content! C'était comme si je retournais chez moi.

La jeune fille se détend et presse légèrement son épaule de ses doigts. Mme Gélinas a raconté à Simone, la semaine précédente au théâtre, à quel point Gratien avait eu du chagrin de ne pas terminer son cours classique. Premier de classe, il adorait la lecture et il faisait partie de la troupe de théâtre. Genèva et Rollande, la sœur de Gratien, travaillaient alors dans le textile, et leur salaire ne suffisait pas à les faire vivre.

Simone est profondément touchée par ce sacrifice. Le foyer de Gratien, c'étaient les bancs de classe et le dortoir. Gratien a quitté ce qu'il aimait le plus, sa vie au collège, pour prendre soin de sa famille. Il est devenu orphelin une seconde fois.

Comme ils sont tout près l'un de l'autre et qu'elle n'est pas intimidée par le velours bleu de ses yeux, elle ose alors dire à voix basse:

— Je voulais te demander... Ton père, il revient parfois?

Gratien a comme un sursaut, un tressaillement de tout son être qui effraie Simone. Peut-être n'aurait-elle jamais dû parler de cela? Il l'enlace un peu plus étroitement et elle sent son souffle soudain précipité près de son oreille. Après un long moment, il répond:

— Non, jamais.

Il pousse un profond soupir, mais c'est avec un apparent détachement qu'il poursuit, une note de moquerie dans la voix:

— Mon père n'est pas très courageux. L'été avant ma dernière année de collège, il nous avait emmenés chez lui, à Sainte-Flore. C'est le village où il est né. Maman ignorait où nous étions. Quand est venu pour moi le temps de retourner au collège, mon père était parti depuis quelques jours. Je n'avais pas d'argent pour prendre le train. J'ai dû en quêter à la propriétaire de la maison. Au collège, on m'a dit que mon année n'était pas payée par mon bienfaiteur, un ami de la famille Gélinas. Mon père a préféré partir plutôt que de me le dire.

Gratien emporte Simone dans un mouvement plus rapide et elle se laisse mener, un peu étourdie. Il se recule pour la regarder et elle cherche sur son visage des signes d'émoi. Mais il semble porter un masque, sans expression, le regard vide. Subitement, la bouche charnue de Gratien s'étire dans un sourire auréolé d'une sorte de mélancolie.

— Mon père, il savait tourner une histoire. Tous les enfants de la maisonnée se groupaient autour de lui, et alors il racontait. Il savait parfaitement comment

tenir son monde en haleine, il faisait des pauses dramatiques… Il serait allé loin, s'il avait eu de l'instruction.

Dans un dernier tour de valse, Gratien emmène Simone jusqu'au canapé et l'y dépose. Il lui propose alors
de réciter le poème qu'il vient d'apprendre, écrit par le
marquis de Ségur. Il s'intitule tout simplement *L'amour*.

> *Avez-vous rencontré le véritable amour,*
> *L'amour pur, lumineux, fort de lui-même,*
> *L'amour qui sort de soi sans esprit de retour,*
> *Et s'engloutit vivant au sein de ce qu'il aime.*

Gratien est nerveux et un peu gauche, alors il
parle trop vite et trop fort. Les petites Rhéa et Réjane
viennent écouter dans l'embrasure, et bientôt
Mme Lalonde les rejoint, un linge à vaisselle sur
l'épaule. Les sourcils d'abord froncés, prête à entraîner
ses filles au loin, elle finit par sourire, charmée par la
conclusion du poème.

> *Du pauvre cœur humain, j'ai fait en vain le tour,*
> *J'ai trouvé de l'amour, le nom, l'ombre, l'emblème*
> *C'est tout ! et je disais renonçant au problème :*
> *« L'amour n'existe pas au terrestre séjour. »*

> *Enfin, j'ai rencontré son céleste visage !*
> *Le Dieu s'est révélé, sa radieuse image,*
> *Sans voile est apparue à mes regards ravis.*

> *C'était le soir, au fond d'un pauvre monastère,*
> *Les yeux noyés de pleurs et baignés de lumière,*
> *Un vieux moine priait au pied du crucifix.*

Une salve d'applaudissements salue la prestation de Gratien et le jeune homme salue, un large sourire aux lèvres. Se tournant vers Simone, il lui fait un clin d'œil et la jeune fille comprend qu'il a choisi intentionnellement ce poème pour charmer les oreilles de Mme Lalonde. Simone s'installe ensuite au piano et Gratien reste debout à côté d'elle. Elle laisse les notes s'égrener sous ses doigts, s'abîmant en même temps dans une douce rêverie.

Fonds Gratien-Gélinas, Archives nationales du Canada/PA209476.

Avec son premier enfant, Sylvie, pendant l'été 1937.
Gratien joue alors à la radio dans une émission écrite
par Claude Robillard, *Nous sommes en vacances*.

2

Télévise-moi ça !

Appuyée à la balustrade du balcon de leur logement de la rue Drolet, Simone se sent comme dans un théâtre, installée aux premières loges. Elle assiste au spectacle de la rue. À la brunante, l'animation est grande : enfants qui courent de gauche et de droite, ouvriers qui rentrent chez eux d'un pas nonchalant, ménagères qui prennent le frais sur le pas de leur porte. Dring ! l'étudiant d'en face fait résonner la sonnette de sa bicyclette pour prévenir les garçons qui jouent aux billes sur le trottoir.

La soirée d'avril 1936 est douce et Simone jette un œil scrutateur vers le carré Saint-Louis, espérant voir arriver Gratien, petite silhouette au pas rapide. Mais non, c'est impossible ! Simone chasse d'un geste de la main cet espoir vain. Il joue ce soir dans *Le curé de village*. D'ailleurs, l'émission doit être commencée!

Simone se hâte de rentrer et allume le poste de radio qui trône sur une petite bibliothèque dans le salon. Après quelques grincements, la voix forte de Gratien se fait entendre. Comme il passe bien sur les ondes! Son timbre de baryton, son débit rapide aux mots parfaitement articulés, sa nervosité perceptible au détour de quelques phrases plus saccadées...

Simone a joué une dizaine de fois dans l'émission qui passe tous les soirs à 7 h 15. Si elle ne connaissait pas si bien le studio, les micros et les lutrins où sont posés les textes de Robert Choquette, elle se croirait dans la cuisine de l'un ou le magasin de l'autre. Elle se laisse emporter par ces personnages d'un village de campagne.

Lorsque l'orchestre attaque la musique annonçant la fin de l'émission, la jeune femme soupire et se lève, marche rapidement jusqu'à la fenêtre devant laquelle elle se campe. À la perspective d'une autre longue soirée solitaire, sa respiration s'accélère et son estomac se serre douloureusement. Car Gratien, après la radio, va courir à une fête intime donnée par son patron, Narcisse Ducharme; il va y réciter des monologues. Ensuite, ce sera la générale avant le grand spectacle du lendemain. Mais pendant ce temps, elle s'ennuie! Oh! Comme elle aurait envie d'être chez elle à Verdun, d'entendre les exclamations de ses sœurs, les moqueries affectueuses de son père et même les sermons de sa belle-mère!

Mais en évoquant le spectacle du lendemain, Simone se sent renaître: une onde d'excitation la traverse, accompagnée d'un grand soulagement à l'idée qu'il arrive enfin, ce moment exaltant mais redouté par Gratien. Une revue d'actualité, *Télévise-moi ça!*, écrite par deux journalistes et produite sur la grande scène du théâtre Saint-Denis! Gratien joue plusieurs rôles dans autant de sketches et il récitera, en plus, un monologue. Devant plus de mille personnes! Pas étonnant qu'il ait été si à pic, ces derniers jours, rabrouant Simone pour des riens, la couleur trop criarde d'une robe tout juste achetée ou le goût fade d'une soupe.

La jeune femme sent une lourde peine l'envahir; elle tente immédiatement de la dissiper en lavant les quelques couverts utilisés pour le souper. Aucune raison de s'en faire, n'est-ce pas? Le caractère de Gratien est ainsi fait, elle n'a qu'à laisser passer les orages en faisant le dos rond.

— Tout est beau, tout est bon dans la nature! prononce-t-elle à voix haute, forçant la gaieté dans sa voix.

La sonnerie du téléphone retentit. Heureuse de cette diversion, Simone court répondre.

— Comment allez-vous, ma petite femme?

— Gratien! Je ne pensais pas que tu aurais le temps de m'appeler.

— Les amis de Narcisse attendront! As-tu passé une bonne journée? Et ton état?

— Mon état se porte très bien, merci, réplique Simone en riant et en posant une main sur son ventre où une très légère rondeur commence à se dessiner.

— Pardon? demande Gratien à un interlocuteur. Oui... Je dois y aller, ma chérie, un collègue me reconduit en *char*. Je rentrerai très tard ce soir, ne m'attends pas!

∽

Simone se réveille et entend Gratien se glisser dans le lit à côté d'elle.

— Il est quelle heure ? demande-t-elle d'une voix ensommeillée.

— Presque trois heures. Je suis lessivé. Le spectacle n'est vraiment pas prêt, c'est fâchant ! On a raté des enchaînements et certains comédiens ont encore des trous de mémoire ! Dire qu'on n'a même pas pu répéter au Saint-Denis, ça va être beau demain !

— Bonsoir, mon mari, murmure Simone en lui donnant un léger baiser sur la joue.

— Bonsoir, chérie.

Il se tourne vers elle et l'enlace. Dans l'obscurité, elle ose poser la main sur son dos et flatter ses cheveux avec sa joue. Malgré l'épaisseur de leurs vêtements de nuit, elle sent sa chaleur irradier jusqu'à elle. Bien réveillée, elle ouvre de grands yeux. Elle entend encore les recommandations de sa belle-mère, la veille de son mariage. Une fois accompli le devoir conjugal, qui est de se soumettre aux désirs de son mari dans le but d'enfanter, une épouse garde ses distances. Mais pourquoi se priver d'un tel bonheur ? Gratien est si intense pendant leurs étreintes. Il est enfin là, le corps et l'esprit non plus distraits par un spectacle ou une performance à venir…

∽

Simone est levée depuis plusieurs heures lorsque Gratien émerge finalement du lit. Elle voit tout de suite, au pli entre ses yeux, qu'il n'est pas de bonne humeur. Alors, elle lui offre son plus beau sourire et dit :

— Bon réveil ! Je t'ai préparé ton déjeuner préféré, des œufs avec du bon pain de ménage !

— Tout à l'heure, réplique Gratien. Pour l'instant, je veux réviser mes textes. Tu me fais un café ?

— Bien sûr, répond-elle à voix basse.

Puis elle reprend d'une voix enjouée :

— Pour se détendre cet après-midi, je me disais qu'on pourrait aller au port, voir...

— À quoi tu penses ? Il faut absolument que je me repose avant le spectacle de ce soir ! J'ai couru comme une queue de veau toute la semaine, et tu projettes d'aller en promenade !

Et sans un sourire ni une caresse, il s'assoit au salon, près de la fenêtre, ses feuilles à la main. Le souffle coupé par la peine, Simone se dépêche d'entrer dans la cuisine. Un immense vague à l'âme fond sur elle. C'est cela, son devoir d'épouse ? Accepter tout de son mari, même les injustices, les mots blessants, les rebuffades ?

Tandis qu'elle prépare le café, enfermée dans son chagrin, deux bras lui enlacent la taille. La tête de Gratien s'appuie contre la sienne. Puis il la délivre et vient se placer à côté d'elle. Simone lui jette un regard furtif. Il a un léger sourire aux lèvres et le regard caressant. Elle reste sur son quant-à-soi et lui tend sa tasse. Puis elle va s'installer au salon, une revue à la main, dans le vieux fauteuil en cuir que lui a donné sa grand-mère.

Gratien vient s'asseoir à ses pieds et sirote en silence son café. Puis il dit :

— Ne m'en veux pas. Tu me connais, hein ? Tu sais que j'ai mauvais caractère parfois. C'est plus fort que moi, je suis nerveux et il faut que ça sorte! Tu te rends compte? Je joue dans cinq sketches en plus de réciter le monologue. Il paraît que tous les critiques vont y être!

Simone le regarde enfin. Il a un air suppliant et des yeux de chien battu. Attendrie, elle pose la main sur sa tête.

— Tu veux bien me faire répéter? Après, je dégusterai le déjeuner que tu m'as préparé.

Simone acquiesce avec un soupir. Il sait parfaitement ses textes depuis au moins une semaine!

⌒

Genèva Gélinas se retourne et contemple l'immense salle du Saint-Denis, remplie à pleine capacité.

— Il y a combien de personnes, tu crois? demande-t-elle à sa fille Rollande, à sa gauche. Deux mille?

— Il paraît, réplique la jeune femme. Je ne pensais jamais que ça serait plein.

— Les auteurs sont journalistes, ça aide!

Simone, assise à la droite de Genèva, est heureuse de reconnaître tant de personnes. Son père, installé quelques rangs derrière. Le patron de Gratien, Narcisse Ducharme, dans une loge là-haut. Simone sourit avec fierté en montrant discrètement le personnage à sa belle-mère. Elle songe que son mari n'est plus simple teneur de livres mais secrétaire du président. Elle voit également de nombreuses vedettes. En ce 18 avril 1936, tout Montréal, semble-t-il, s'est donné rendez-vous ici même s'il est minuit passé, puisque le Saint-Denis, en soirée, est une salle de cinéma.

Simone bâille derrière sa main, souhaitant de tout son cœur que le spectacle soit assez bon pour la tenir réveillée. Les lumières s'éteignent. Quelques secondes plus tard, le petit orchestre attaque un refrain et les projecteurs s'allument. Le rideau s'ouvre, révélant le décor... d'un salon? Simone écarquille les yeux. La scène semble nimbée d'une lueur mauve, presque spectrale. L'orchestre égrène les dernières notes de l'introduction et deux comédiens entrent en scène. Comme on les voit mal! Soudain une lumière très blanche, crue, éclaire la scène. Les comédiens, visiblement mal à l'aise, s'embrouillent dans leurs répliques. Puis un troisième personnage fait son apparition et Simone reconnaît l'idole de Gratien, le grand comédien Fred Barry. En un tournemain, par quelques répliques clairement envoyées, il a remis les deux autres en selle. Quelques secondes plus tard, un bon rire parcourt l'auditoire.

Malgré l'éclairage raté, les sketches défilent à vive allure et Simone s'amuse franchement des rôles de Gratien. Après l'entracte, l'éclairage s'est nettement amélioré; et soudain, entre deux changements de décor, Gratien apparaît devant le rideau, en queue-de-pie et nœud papillon. Simone agrippe les accoudoirs, à ce point tendue vers lui qu'elle a l'impression de le porter. Elle n'en revient pas de son courage.

La lumière d'un seul projecteur l'éclaire. Simone craint un instant qu'il ne tombe dans la fosse d'orchestre mais il s'arrête à temps. En tortillant son veston, il se met à réciter un monologue de sa composition, *Le bon petit garçon et le méchant petit garçon*.

Il était une fois un bon petit garçon chéri de son père et de sa mère. Tous les jours on pouvait le voir s'en aller à l'école malgré le vent qui soufflait et la neige qui tombait. Il s'en allait l'âme serine *car il savait que c'était là son devoir, son devoir qui était là sur son petit dos dans son sac d'école à côté d'une pomme qu'il apportait à sa maîtresse chérie qui le baisait chaque fois. Ses leçons il les savait, ah oui ! aussi c'était toujours lui que sa maîtresse envoyait au grand tableau noir et dans tout le village on le citait comme un exemplaire.*

D'abord surprise par ce numéro d'une facture inusitée, par ce petit personnage débitant son texte avec la naïveté d'un enfant qui articule trop et se dandine avec gêne, la salle est parcourue d'un bon gros rire de ventre. Simone a entendu ce monologue des dizaines de fois, et pourtant elle sourit chaque fois au son des *r* amplement roulés et des fautes de français savamment distillées.

Au contraire, le méchant petit garçon faisait le désespoir de sa famille. C'est dire qu'il leur causait peu de joie. En effet, il foxait *l'école plus souvent qu'autrement. Au lieu de se rendre à la classe incontinent, il molestait sur la rue les petites filles, qui chose étrange l'aimaient quand même. Dans son sac d'école, point de livres ni de cahiers, mais des* pelotes, des moines *et des* allées[1] *en quantité. Un jour, le croirez-vous, il mit une punaise sur la chaise de sa maîtresse, qui piquée au vif le punit vertement en le chassant de la classe. C'est alors que,*

---

1. Toupies, billes, etc., servant à divers jeux d'enfant.

honni de tous, banni, exécré, conspué, je dirais même détesté, il dut se faire agent d'assurances.

Une forte salve d'applaudissements couronne la prestation de Gratien. Le jeune homme salue et retourne en coulisse. Simone se cale dans son siège, satisfaite. Puis elle regarde autour d'elle, étonnée. Les gens applaudissent encore, le sourire fendu jusqu'aux oreilles !

— On dirait qu'ils en veulent plus ! crie Simone à Genèva.

La mère de Gratien répond sur le même ton :

— Ils ont raison : c'est le meilleur moment du spectacle !

Et l'ovation dure jusqu'à ce que Gratien revienne sur scène. D'une voix forte mais enrouée par l'émotion, il annonce *Aimez-vous ça, vous autres, l'amour ?*

Aimez-vous ça, l'amour, vous autres ? Ben moi, je trouve ça ben plate ! Puis j'me demande ce que les autres garçons peuvent trouver de drôle là-dedans, les filles. D'abord, c'est fatigant, l'amour des filles. Faut se rechanger pour aller voir ça, le soir. Faut se mettre des collets, puis des fois on trouve pas nos boutons... Puis ensuite, faut marcher, elle reste pas toujours sur notre rue. Puis des fois par-dessus le marché, faut monter des escaliers, faut sonner. Puis rendu là, on s'assit, ben droite, puis on attend. On attend que ça se passe... Puis c'est ben long des fois puis c'est bien dur... Des fois, elle s'accote sur toi, c'est érâlant.

Puis ensuite, c'est la dépense. Faut leur faire des cadeaux au jour de l'An, puis à la fête des Mères. Leur

*faut des bagues, des pendentifs, des épinglettes, des li-
vres de messe. Puis leur faut des petites douceurs de
temps en temps. Elles se contentent plus, comme nos
grands-mères, d'un coton de rhubarbe, elles veulent des
bâtons forts asteur, des honey-moons, des suçons, des
œufs de Pâques.*

*Puis qu'est-ce que ça vous donne en retour? Rien,
pas le moindre petit plaisir. Même si, en mettant les
choses au plus osé, j'parle là quand on se connaît bien,
on va jusqu'à leur prendre la main, qu'est-ce que ça
donne? J'ai essayé une fois, j'lui ai pris la main gauche,
celle du cœur à ce qu'on dit. Puis, j'ai attendu. Rien,
pas le moindre petit frisson. Rien quand on dit... Je me
suis tanné puis j'lai lâchée. Qu'auriez-vous fait z'à ma
place?*

*J'parle pas d'embrasser une fille. Ah non! Au
grand jamais. Pourquoi faire du tort à une pauvre
fille? Elles sont assez malheureuses sans ça. Ah, puis
ensuite, faut l'habitude. Quand on est pas habitué, on
s'essouffle, on s'énerve, on s'empatafiole les pinceaux,
on marche dans les bégonias... c'est pas des jeux pour
un homme qui travaille.*

*Ah non, croyez-moi, pour être heureux, vivons
donc chacun pour soi. Que chacun s'occupe de ses petites affaires puis les vaches seront bien gardées. La
femme n'est pas faite pour faire le bonheur de l'homme
et vice-versa.*

Un quart d'heure plus tard, Simone et Gratien
marchent rue Saint-Denis, remontant la côte qui mène
au carré Saint-Louis. Il est trois heures du matin; les
rues sont désertes. Simone a pris son mari par le bras

parce qu'elle a les jambes comme du coton. Gratien ne peut s'empêcher à tout moment d'esquisser un pas de danse.

— Tu te rends compte ? Il y avait deux mille personnes et elles ont toutes marché à fond ! Je n'en reviens pas ! Tout ce que j'ai fait jusqu'ici, ce n'était rien comparé à ce soir. Tous ceux qui courent les meilleurs spectacles étaient là. Tous ceux qui apprécient quelque chose de plus élevé, pas seulement le burlesque et le vaudeville !

Simone sourit à Gratien. C'est tout ce qu'elle peut lui offrir : elle est épuisée et comme étourdie. Elle aussi a l'impression d'un changement, comme si le succès de ce soir signifiait un tournant, un départ vers quelque chose d'autre. Serait-il possible que Gratien devienne un artiste professionnel ? Comme si ses pensées suivaient le même chemin, Gratien poursuit :

— J'ai calculé ce que j'ai gagné avec mes monologues et la radio. En six mois, deux cent cinquante-sept dollars ! C'est presque autant que ce que je gagne à La Sauvegarde.

Il lui presse le bras.

— Je ne te l'ai jamais dit, mais tu sais, dans mon petit bureau à côté de celui de M. Ducharme, parfois, je me sens comme un prisonnier. N'ouvrez pas la porte, parce que je vais sortir !

Il a lancé la dernière phrase comme un cri et Simone craint un instant qu'une fenêtre s'allume et qu'une commère s'y penche en vociférant. Mais seul l'écho leur répond. Ils sont parvenus en haut de la côte et Simone voit la rue Saint-Denis s'étirer dans la faible lumière des lampadaires, imprécise comme leur vie future…

∞

Lundi matin, avant de partir travailler, Gratien sort acheter les journaux au kiosque du carré Saint-Louis. Simone l'attend avec anxiété, parce qu'elle connaît l'effet qu'ont les critiques sur son mari. Une semaine d'euphorie après une critique positive. Trois jours de déprime dans le cas contraire. Tant d'efforts et de privations, se plaint Gratien, pour si peu d'encouragements et de succès! Il plonge alors dans une détresse qui le coupe, croirait-on, de sa raison de vivre. Il n'a plus le courage de travailler, ni de manger, ni presque même de bouger.

Simone songe au *Cheval de course* et un frisson la traverse au souvenir de cette semaine d'enfer. Gratien jouait dans plusieurs troupes amateurs à cette époque et l'auteur Henri Letondal lui avait confié le rôle principal de cette pièce produite par le Montreal Repertory Theatre. C'était l'année précédente, au printemps. Deux critiques avaient écrit après la première que Gratien avait un gros défaut: des attitudes de tragédien.

Comme Gratien rageait contre ce jugement, Simone n'avait pu s'empêcher de donner son avis, lui disant que peut-être il exagérait certains gestes et que l'opinion de personnes extérieures pouvait l'aider à s'améliorer. Mal lui en avait pris! Elle avait essuyé une énorme colère ponctuée de plusieurs phrases malheureuses qui l'avaient frappée droit au cœur. Il lui avait reproché son ignorance de l'art dramatique avec un tel mépris!

Simone fait un signe de croix et croise les mains dans un geste implorant. Dès qu'il est blessé dans son amour-propre, Gratien a un tel besoin de faire mal! À force d'avoir souffert, lui a-t-il dit un jour, des épines lui ont poussé… Après deux représentations du *Cheval de course*, Letondal avait remplacé Gratien par un comédien parisien. Gratien avait été si humilié! Dans la rue, il marchait en rasant les murs, tête baissée, croyant que tous allaient reconnaître l'acteur trop amateur qui s'était fait claquer la porte au nez.

Simone fait le tour de la cuisine avec impatience. Que fait Gratien? Il doit s'être arrêté, le dos contre un arbre, pour lire. A-t-il oublié qu'elle a hâte de savoir? Simone est amère ce matin. Elle ne sait trop pourquoi, mais elle a envie de courir dehors, de quitter ce petit logement où elle est si souvent seule à attendre Gratien. Elle a essayé, à l'automne, de suivre des cours d'art dramatique avec son mari; avec les autres élèves, ils ont même monté une pièce. Mais ce n'est pas sa vie. Elle préfère lire, jouer du piano, aller s'asseoir dans le parc et écouter les oiseaux chanter. Parler doucement, appuyée contre une épaule aimante. Mais Gratien a toujours quelque chose de très important à faire, une activité artistique qu'il ne peut absolument pas manquer.

Gratien monte quatre à quatre l'escalier intérieur. Puis il entre dans la cuisine et Simone voit à son large sourire que c'est gagné. Il se campe devant elle, *La Patrie* à la main, et lit:

— *À signaler le succès du monologue de la composition de M. Gélinas.* C'est court, mais ça veut tout dire. Bonne journée, chérie, je vais essayer de venir souper ce soir!

Gratien repart en coup de vent. Simone laisse tout en plan, la vaisselle du déjeuner sur la table, parce qu'elle a besoin d'aller prier. Il y a une messe à neuf heures à l'église Saint-Jacques. Elle va demander à Dieu de l'encourager à suivre sa destinée, passionnante mais ce matin lourde à porter, celle d'aider Gratien sans jamais rien demander en retour.

3

Il vaut mieux fridoliner...

— **S** imone !

Surprise, la jeune femme lève les yeux de son livre. C'est Gratien qui l'appelle d'en bas ?

— Tu veux venir ? J'aimerais te présenter quelqu'un !

Simone se lève lentement, ralentie par son ventre très rond. Elle sort du salon et descend au sous-sol. La maison sent encore le neuf ; il y a un mois à peine, en octobre 1938, Gratien, elle et les deux enfants ont emménagé dans cette petite maison de pierre de la rue Woodbury, près du chemin de la Côte-Sainte-Catherine. Non seulement la famille était à l'étroit rue Drolet avec un troisième bébé en chemin, mais Gratien avait absolument besoin d'un bureau pour écrire et faire répéter ses comédiens.

En direct de la scène du Saint-Denis
et diffusé sur les ondes de CKAC,
Gratien joue le rôle de Fridolin
dans *Le carrousel de la gaieté.*

Louis Morisset,
journaliste et scripteur
pour la radio, le meilleur
ami de Gratien.

Gratien et un jeune homme qu'elle a introduit une heure plus tôt se tournent vers elle, et Gratien la prend par les épaules. Il a son sourire des bons jours.

— Ma chérie, je te présente Louis Pelland. Je viens de l'engager comme collaborateur aux textes.

— Ravi de vous connaître, madame.

— M. Pelland commence dès la semaine prochaine, poursuit Gratien. Il est journaliste au *Canada*, tu sais.

— Oui, dit Simone, je me souviens d'avoir lu vos textes. Très intéressants, ajoute-t-elle par politesse.

Il la remercie d'un léger signe de tête.

— Vous m'excuserez, justement, je dois aller au bureau. On se revoit lundi prochain ?

Après les salutations d'usage, refusant d'être reconduit, il monte l'escalier quatre à quatre. Quand Gratien entend la porte d'entrée se refermer, il saisit sur son bureau quelques feuilles dactylographiées qu'il agite sous le nez de Simone.

— Je le paye quarante dollars par semaine pour être mon secrétaire, j'espère qu'il va m'en donner pour mon argent !

— Secrétaire ? s'étonne Simone. Mais...

— Officiellement, coupe Gratien en lui jetant un regard acéré, il sera mon secrétaire.

Simone soutient son regard un moment, d'abord déroutée par la dureté qui marque ses traits. Puis elle comprend tout et un sentiment de déception coule en elle. Comme Claude Robillard l'année précédente, Pelland écrira dans l'ombre. Personne dans le public ne saura qu'il est l'auteur d'une partie des textes de la nouvelle émission de radio de Gratien, *Le train de plaisir*, et de sa revue de variétés, *Fridolinons*. L'espace d'un instant, Simone a envie de s'agenouiller comme elle le fait souvent à l'église, et de demander à Dieu de pardonner à son mari ce péché d'orgueil.

Gratien s'assoit à son bureau, lui offrant un visage soudain détendu par un large sourire.

— Je vais pouvoir me consacrer à la revue. Sapristi, il reste soixante-cinq jours — j'ai compté — avant la première !

Depuis qu'il a créé le personnage de Fridolin, à la radio d'abord, puis sur scène, Gratien est occupé comme jamais auparavant, à écrire, mais aussi à planifier, administrer, publiciser... La jeune femme regarde le mur couvert de coupures de journaux, critiques et entrevues. Comme leur vie a changé depuis ce jour de septembre 1937, il y a quinze mois à peine, où Gratien lançait *Le carrousel de la gaieté* sur les ondes de CKAC. Fridolin, jeune garçon déluré mais crédule, se sentait incompris et mal aimé de ses contemporains... et ne se gênait pas pour le leur dire !

En quelques semaines, la foule affluait au théâtre Saint-Denis, d'où l'émission était diffusée en direct. Simone, souvent installée dans une loge, pouvait contempler à loisir le spectacle de la foule mise en joie par les répliques des trois comparses, en smoking noir et petit nœud papillon. À droite, le grand Lionel Daunais, chanteur, compositeur et cofondateur des Variétés lyriques. À gauche, le comédien Albert Cloutier, joli minois qui fait rêver les filles. Au milieu, Gratien, alias Fridolin, cheveux gominés, petite moustache, silhouette aux bras qui s'agitent. Devant chacun d'eux, un micro sur pied orné des lettres CKAC, et un lutrin où était posé leur texte.

À la fin de la première saison, au printemps 1938, Gratien était devenu le comédien le plus populaire de l'heure. Son salaire hebdomadaire, de quatre dollars qu'il était à La Sauvegarde, était passé un an plus tard — Simone a le vertige chaque fois qu'elle y pense — à trois cents dollars.

— J'ai eu une idée, en parlant avec Pelland tout à l'heure. Je crois que Fridolin va ouvrir la revue en camelot qui vend ses journaux à l'arrêt de tramway... Je vais en parler lundi prochain, tu sais que je réunis quelques personnes pour discuter de mes idées.

Au mur qui fait face au bureau de Gratien est accroché un grand panneau de liège, sur lequel sont épinglées plusieurs notes. Certaines sont des idées, vagues ou précises, de sketches ou de situations comiques. D'autres sont des mots d'encouragement écrits par Gratien lui-même et qui fascinent Simone : *faire face!* ou *de la noirceur jaillit la lumière*. Pour Gratien, l'écriture est un acte difficile, exigeant. Il voudrait que, dès le départ, les phrases s'alignent parfaitement, que chaque mot trouve de lui-même sa place naturelle et que les rires tombent exactement à l'endroit voulu. Il est obsédé par ses textes, ciselant chaque phrase comme un orfèvre, habité jour et nuit par les répliques qu'il doit mettre dans la bouche de ses comédiens.

L'année d'avant, pour sa première saison à la radio et sur scène, Gratien avait l'aide de Robillard. Mais cet automne, quel enfer! En attendant que leur maison soit prête, Simone et les deux enfants s'étaient réfugiés au lac Mercier et Gratien s'était installé à l'hôtel, seul, pour rédiger ses premières émissions de radio. Comme le cœur de Simone s'était serré quand elle avait reçu cette lettre!

Mon cher tout petit,

Ce soir je suis tout seul dans ma grande chambre… Je me sens malade, fatigué, brisé par l'effort passé et par «l'épreuve» qui se continue. Je m'ennuie surtout… Je m'ennuie de la douceur de tes bons yeux, de la paix de ton sourire… Je voudrais t'avoir là, sur mon épaule, me dire ce que tu m'as si bien écrit. Il me semble que si tu étais près de moi, cette chambre deviendrait presque chaude et je ne frissonnerais plus. Je te dirais ma peine. Tu baiserais mes larmes et je serais moins triste.

Je n'ai presque pas travaillé aujourd'hui… J'ai passé par un tourment que je te dirai. J'ai crié pour ta présence. Je me sentais tellement faible, tout seul.

Là-bas, au lac Mercier, Simone s'est ennuyée ; elle se sentait loin, incapable d'accueillir Gratien à son retour du studio, et surtout de le prendre dans ses bras pour le consoler de son mal d'être… Et en même temps, elle était soulagée de ne pas subir la tension, l'humeur sombre et la susceptibilité extrême qui habitaient l'humoriste.

Une cavalcade de pas déferle au-dessus de leurs têtes.

— Hélène rentre avec les enfants, dit Simone en se dirigeant vers l'escalier. J'y vais, ils vont être couverts de neige. Tu montes dîner ?

— Je ne crois pas, répond Gratien sans relever la tête. J'ai une idée que je voudrais développer.

— Si tu y penses, ajoute Simone doucement, viens les embrasser avant leur sieste…

Gratien lève les yeux et Simone voit à la douceur de son regard qu'il imagine Sylvie et Michel installés au creux de leur lit, leurs visages confiants tournés vers lui, et c'est avec un sourire rêveur qu'il répond :

— Le temps est si précieux quand j'écris... J'essaierai, je te le promets.

∽

Tenant son nouveau-né Yves étroitement enlacé, Simone descend du taxi, en face du Monument-National. L'après-midi du début de février 1939 est glacial, mais la jeune femme a tenu à passer par la façade du théâtre, boulevard Saint-Laurent, pour voir les affiches et la marquise, admirer *Fridolinons 39* en grosses lettres et le dessin qui représente Fridolin en camelot, coiffé de sa casquette et un journal à la main.

Simone reste un moment immobile malgré le vent d'hiver. Quand Gratien a lancé sa première revue sur scène, un an auparavant, il s'appuyait sur la popularité de son personnage radiophonique. Mais l'entreprise — porter Fridolin sur scène, créer des sketches, des danses et des décors pour lui et pour une galerie de personnages — aurait pu être un échec cuisant. Pourtant, l'aventure s'est avérée une réussite. En plus de la semaine initiale de représentations, deux semaines ont été ajoutées à Montréal, plus quatre représentations à Québec. Un succès retentissant !

Bébé Yves se réveille à moitié, se tortille et laisse échapper un rot sonore. Simone sort de sa léthargie et pénètre dans le théâtre. La générale est dans deux jours et la troupe, qui jusqu'ici répétait chez Fred Barry, s'est transportée au théâtre pour la première fois aujourd'hui. Depuis le jour de l'An, Gratien est occupé jour et nuit par les répétitions et la rédaction des derniers textes, sans compter l'émission de radio qui se poursuit semaine après semaine.

Simone pénètre dans la salle par l'entrée des spectateurs. La scène est là, tout au fond. Une dizaine de personnes y discutent en gesticulant. Elle reconnaît la petite silhouette de Gratien, puis Louis Pelland, Pax Plante (l'administrateur des revues), Elvira Gomez (la chorégraphe), Fred Barry et Louis Morisset... Reconnaissant ce dernier, Simone sent une onde de chaleur lui gonfler le cœur. Louis, reporter au *Petit Journal*, est le meilleur ami de Gratien, et de si bon conseil ! Si calme alors que Gratien, dans les moments de tension, devient sec et cassant, tendu comme un ressort.

La jeune femme salue les comédiens, assis sur les bancs des premières rangées. La plupart viennent à elle, lui disent quelques mots et admirent le bébé qui somnole encore, couché sur un banc. Soudain, un ordre de Gratien leur parvient.

— Les comédiens de *Salle paroissiale*, prenez place !

Pendant le branle-bas, Simone envoie un petit signe de la main à Gratien qui répond par un sourire heureux mais distrait. Tout de suite le sketch commence, sans décor ni musique. Mais grâce aux mouvements et aux intonations, elle imagine une séance de salle paroissiale, où des comédiens amateurs jouent un mélodrame. Elle se croirait presque au soir de la première, alors que les rires accueillent les répliques et que les comédiens doivent faire une pause chaque fois...

— *Ah, mon Dieu! Mon mari s'est encore enivré, pendant que j'usais mes pauvres mains à laver les planchers de l'Hôtel Viger. (Prenant sur la table une tirelire brisée.) Ah! Il a vidé la banque du petit! Moi qui avais réussi à ramasser quarante cents... Pourquoi, Didier, pourquoi?*

— *Je me suis acheté un petit whisky blanc de la Commission des Liqueurs.*

— *Ah, quelle misère! As-tu donné la bouteille au petit?*

— *Non, je l'ai bue!*

— *Père sans entrailles! Mais où est-il, notre enfant?*

— *Je sais pas: il s'est traîné à quatre pattes derrière moi jusqu'à la Commission puis il est resté là*[1]...

Une exclamation de Gratien ramène Simone à la réalité.

— Pas à droite, Olivette, à gauche!

Gratien marche jusqu'à la jeune comédienne, la prend par la main et la mène vers la gauche, comme une fillette désobéissante.

— C'est la douzième fois qu'on répète, poursuit Gratien avec exaspération, est-ce qu'il faut que je trace des flèches sur le sol?

Un silence total règne sur scène et Simone s'enfonce dans son siège, résistant à l'impulsion de courir prendre la comédienne dans ses bras pour l'éloigner de la tourmente. Tout de suite, Gratien donne l'ordre de reprendre et Simone se laisse emporter par ce qu'elle

---

1. Gratien Gélinas, *Les fridolinades 1938, 1939 et 1940*, p. 164.

entend. La pauvre mère reçoit la visite d'un étranger qui lui annonce avoir trouvé un bébé.

> — *Ah, un bébé? Mon cœur se serre.*
> — *C'est un bébé que j'ai ramassé dans la rue, en face d'ici...*
> — *Quel âge a-t-il?*
> — *Neuf mois.*
> — *Ah, mon Dieu! Quelle coïncidence! Le mien aussi aurait neuf mois! Comment est-il vêtu*[1]*?*

> — Gratien? intervient Fred Barry.
> — Oui?
> — Il me semble qu'ici Lisette et Jacques devraient se rapprocher l'un de l'autre, avec des attitudes très dignes, comme dans une tragédie à cinq cennes.

Barry monte sur scène et prend la place du comédien qui joue Jacques. Il prononce la réplique suivante et tout le monde sur scène pouffe de rire.

> — Vendu! s'écrie Gratien. On continue!

Barry s'éloigne tandis que Simone le suit du regard. Sans sa longue expérience de metteur en scène et son immense talent d'acteur, qu'il met volontiers au service des revues, Gratien n'irait jamais si loin dans la rigueur et le professionnalisme!

Lorsque la pause commence, au moment où Simone se lève pour se préparer à partir, Gratien s'approche avec un photographe de *La Presse*.

> — Monsieur voudrait nous prendre ensemble avec le bébé, d'accord?

---

1. Gratien Gélinas, *Les fridolinades 1938, 1939 et 1940*, p. 165.

Simone se sent soudain très fatiguée, mais elle hoche la tête, sourit et prend la pose. Plusieurs fois le flash explose. Yves s'impatiente et commence à pleurer. Gratien le berce tandis que Simone s'habille.

— Tu crois que ça va marcher? demande Gratien, un pli entre les deux yeux.

— Le spectacle? Mais bien sûr. Ce que j'ai vu me semble aussi bon que l'année dernière.

Gratien réplique vertement, comme si une guêpe l'avait piqué:

— Il ne faut pas que ce soit aussi bon! Il faut...

— Que ce soit meilleur! l'interrompt une voix.

Se retournant, Simone se retrouve nez à nez avec Louis Morisset.

— Ce sera meilleur, répète obligeamment Simone tandis que le grand Louis se penche et l'embrasse sur les joues.

— Mais pour que ce soit meilleur, on doit travailler d'arrache-pied! s'exclame Gratien, se tournant vers la scène. J'ai toujours la hantise que le public ne suive pas.

— On le sait, réplique Louis en lui donnant une tape amicale sur l'épaule. Mais le public, de tout le pays, c'est toi qu'il préfère. Tu as tellement le souci du détail et de la perfection!

— Mon p'tit Louis...

Simone est incapable de contenir un énorme bâillement.

— Simone, je vous reconduis à la station de taxis, dit Louis. Va manger, Gratien, tu en as bien besoin.

En chemin, Simone demande un peu anxieusement:

— Le spectacle va être prêt, vous croyez?

— C'est évident. Gratien va y travailler vingt-quatre heures par jour, mais il va y arriver. Et la troupe aussi. Gratien leur en demande beaucoup, mais ils ont du succès, alors ils passent outre. Et les sketches sont bons.

— En partie grâce à vous, ne peut s'empêcher de murmurer Simone.

Louis écarte la remarque du revers de la main et le silence tombe entre eux. Simone sait que Morisset a fourni plusieurs bonnes idées à Gratien. Comme Fred Barry et le comédien Bernard Hogue. Mais le public n'en sait rien et les trois hommes restent d'une grande discrétion.

— Ma contribution n'est rien, finit par répondre Louis, en comparaison de l'immense travail que Gratien abat.

Il saisit le coude de Simone pour la guider vers la porte d'entrée.

— Vous-même êtes plus essentielle que moi à son travail, ajoute-t-il avec un sourire. Vous élevez ses enfants pratiquement seule, le laissant libre d'être Fridolin à sa guise!

Dans le taxi, laissant aller sa tête contre le dossier de la banquette, Simone se répète la remarque de Louis. Elle en a le cœur tout réchauffé. Elle fait son devoir, et avec joie, mais la solitude dans laquelle Gratien la laisse lui pèse souvent. Avant d'épouser Gratien, Simone connaissait sa passion pour le théâtre, mais elle n'aurait pu imaginer à quel point il lui consacrerait du travail... et surtout à quel point il réussirait. Elle est si fière de lui! Il est perpétuellement en lutte contre lui-même et contre ses doutes sur la valeur de son travail, alors il fait tout à la dernière minute, mais comme la scène est essentielle à sa vie, il recommence...

4

Le rêve du cinéma

Lorsqu'elle pénètre dans l'immense salle que Gratien loue comme espace de travail, Simone reste un moment clouée sur place, incrédule. Les murs sont recouverts de boîtes d'œufs! Incapable d'en croire ses yeux, elle avance et tâte la surface. Elle ne rêve pas, des contenants en carton de cent quarante-quatre œufs ont été posés partout, même sur les plafonds! Jamais Gratien ne lui a parlé d'une telle entreprise. Il faut dire qu'elle ne l'a pas vu depuis deux semaines, puisqu'elle était à Oka avec les enfants, et lui ici.

Mais maintenant que l'école recommence en cette fin d'été 1941, toute la tribu est revenue en ville. Simone a laissé sa marmaille avec la bonne rue Woodbury et elle est venue directement ici, avec la ferme intention de

Dans le rôle d'Armand Duval au cours du tournage
de *La dame aux camélias, la vraie*, en 1942.
Ce court métrage est présenté pendant *Fridolinons 43*.

Fridolin tel que le public le voit
sur scène, avec sa casquette, sa
salopette courte et son chandail
au logo du Canadien.

ramener son mari souper à la maison. Du regard, elle fait le tour de la salle. Gratien et son équipe y ont emménagé progressivement au cours de l'été. Enfin, ils auront tout l'espace nécessaire pour les décors et les costumes, pour offrir aux danseuses et aux comédiens un lieu de répétition... et tout l'espace, surtout, pour tourner ses films!

Elle entend quelques voix qui viennent des bureaux, au fond de la grande salle. Autrement, le grand espace de répétition avec la petite scène au bout est vide. Mais pourquoi donc avoir posé des boîtes d'œufs?

— C'est pour l'acoustique, il paraît! lance une voix forte et profonde non loin d'elle.

Simone reconnaît le timbre chaud de Fred Barry et sourit en croisant son regard. Il émerge des bureaux de Gratien le ventre en avant, en la regardant avec bonhomie.

— Parce que, madame, vous venez de pénétrer dans le studio Gratien Gélinas!

Il force sa voix, qui porte.

— Bientôt, on y tournera *Maria Chapdelaine* ou *Un homme et son péché*!

Parvenu auprès de Simone, il dépose délicatement un baiser sur sa joue.

— En attendant, poursuit-il sur le ton de la confidence, il faut bien préparer *Fridolinons 42*. Une revue de variété, même aussi bien peinturlurée que celle de Gratien, c'est moins noble que le cinéma. Mais c'est ainsi que le blé est engrangé!

— Vous allez bien, monsieur Barry? demande Simone aimablement.

— Le travail ne manquera pas encore cette année, répond-il en poussant un profond soupir. Quand

votre mari a cessé ses émissions de radio, l'année dernière, je croyais qu'il regarderait pour un temps les
trains passer. Mais non ! V'là t'y pas qu'il se met en tête
de faire des films !

— Gratien adore le cinéma. Quand nous nous
fréquentions et qu'il avait du temps de libre, l'été, il le
passait au cinéma... Ce rêve, il m'en parle depuis des
mois. Depuis qu'il se cherche une activité artistique
pour remplacer la radio. Tourner des films dans son
propre studio...

Barry fait une moue qui trahit son scepticisme.
Simone sourit, mais elle non plus ne peut s'empêcher
de penser que son mari se lance dans une aventure très
risquée. La guerre mondiale, croit Gratien, a ruiné l'industrie cinématographique française, ouvrant une
brèche aux produits canadiens. Mais pour se lancer
dans la production de films, il faut un grand sens de
l'organisation, et Gratien n'en a pas du tout. Ses revues
le prouvent : tout se fait en désordre, sans planification.

— Avancez, ma chère, notre petite réunion est
terminée.

La jeune femme se retrouve dans l'antichambre du
bureau de Gratien. Elle est impatiente de saluer son
mari, mais on discute de l'autre côté de la cloison.
Simone regarde autour d'elle. Tiens, il y a un lit ! Pendant les infernales dernières semaines de répétition,
Gratien pourra coucher ici. Simone s'y assoit. La tête de
lit comporte une alvéole pleine de livres et Simone les
feuillette distraitement. Quelque chose tombe sur ses
genoux et, y portant les yeux, elle rougit profondément.
Un condom dans son emballage ! Elle le replace vivement entre les pages du livre qu'elle remet à sa place.

Elle reste impassible, les mains jointes, tandis que son cœur bat à tout rompre. Fixant le mur, elle se met pour occuper son esprit à réciter une litanie de prières. Puis une sorte de soulagement l'inonde. Elle savait! Depuis des années. Elle connaît tellement Gratien! Elle connaît son ardeur, son désir souvent impérieux, auquel elle ne peut toujours répondre à cause des grossesses et de la fatigue. Elle se souvient de regards échangés entre Gratien et une comédienne de sa troupe...

Comment pourra-t-elle maintenant s'abandonner entre ses bras, sachant qu'elle est une parmi d'autres? Non! Elle n'est pas une parmi d'autres. Elle est sa femme et la mère de ses enfants. Elle est son pilier. Elle lui a donné une famille pour remplacer celle qu'il a perdue tout jeune. Il est heureux enfin! Entouré par tout cet amour, il finira bien par adoucir son caractère, par faire grandir cet enfant blessé qui sommeille en lui...

Gratien doit avoir des femmes un besoin animal. Une envie irrésistible de soulager sa tension, celle qui l'habite constamment pendant des semaines à chaque début d'année alors que *Fridolinons* est en préparation. Depuis cinq ans, à chaque mois de janvier, il s'arrache les cheveux, vocifère, s'énerve, bûche les textes, asticote les autres...

Elle croyait leur amour si pur. Elle croyait que leur union échapperait aux écueils de l'incompréhension et de l'indifférence. Elle croyait qu'ils étaient tout l'un pour l'autre... Fébrilement, Simone fouille dans sa mémoire pour se souvenir de certains passages des lettres que Gratien lui écrivait pendant leurs fréquentations. Fermant les yeux, elle voit les phrases défiler, ces phrases lues si souvent, apprises par cœur, et dont elle écoutait la musique lorsque les absences de Gratien s'éternisaient.

J'ai là ta photo devant moi. La lumière de mon pupitre la baigne de clarté et laisse ma chambre dans l'ombre. C'est un symbole, c'pas? Je ne distingue que toi; tout le reste est vague et importe peu. Je suis un peu drôle, ce soir. Je veux te sentir tout près de moi, comme l'autre jour, toute câline et tendre. Tu es là, sur mon épaule; ta main ferme un instant mes yeux fatigués, et je sens ta joue de velours tout près, contre la mienne. Tu as des mots qui cajolent, des mots faits tout exprès pour les sensibles et les rêveurs qui veulent parfois douter et se faire du mal. Je suis enivré, comme ceux qui n'ont pas l'habitude d'être câlinés. Et je t'aime infiniment ainsi qu'on aime un idéal.

Ouvrant les yeux, Simone revient brusquement à la réalité. Ces lettres ont été écrites il y a si longtemps! Elle pose sa main à plat sur le lit. C'est donc ici que... Brusquement honteuse, elle se dresse sur ses jambes. Les hommes rient dans l'autre pièce, Gratien plus fort que les autres. Simone croit comprendre que la revue prévue pour février 1942 n'abordera pas le sujet de la guerre, cette guerre mondiale qui s'étend lentement sur les cinq continents, mais du troisième centenaire de la fondation de Montréal. Et les idées fusent. Une procession où chaque char allégorique évoquera un moment peu glorieux de l'histoire de la ville... Pourquoi Montréal n'aurait-elle pas été fondée par une troupe de théâtre, arrivée ici avant De Maisonneuve?

Simone tourne les talons et s'enfuit, le plus silencieusement possible. Elle est incapable d'affronter Gratien.

∽

Le plancher du salon est jonché de papiers d'emballage colorés et, assis parmi eux, Yves, Michel et Sylvie promènent un magnifique bateau de bois que Gratien a rapporté de son dernier voyage à New York. C'est le matin de Noël 1942. Bébé Pierre couché sur ses genoux, Simone savoure intensément ce moment de quiétude. Elle se sent en état de grâce, profondément heureuse d'être entourée des siens. Sa vie est remplie et elle est parfois si fatiguée, mais en même temps elle est choyée. Quatre beaux enfants et un mari... un mari qui l'aime, n'est-ce pas? Oui, elle est aimée, entourée de soins lorsqu'elle en a besoin. Tout le reste a si peu d'importance...

À l'idée que Gratien est là, juste dans l'autre pièce, Simone a presque envie de pleurer. Il a commencé cet automne, avec plus d'un an de retard, le tournage de son premier film, un court métrage qui sera présenté en février, dans le cadre de *Fridolinons 43*. Mais ce petit film semble une tâche écrasante! Son équipe et lui y travaillent dès que possible, et Gratien en est littéralement obsédé. Il ne parle que de ça, des problèmes techniques et des délais pour le développement... Ce matin encore, ce beau matin d'hiver ensoleillé, il voulait de la neige pour tourner la scène où Armand se promène en raquettes dans la tempête!

Justement, Gratien entre dans la pièce à grands pas, déjà habillé, le front barré d'un grand pli. Et Simone sent qu'il est déjà parti, obnubilé par quelque tâche à accomplir. Va-t-il la laisser seule aujourd'hui, alors que les deux bonnes sont en congé et que Pierre est né il y a trois semaines à peine ?

— Marc Audet s'en vient, dit-il. Il nous faut trouver un moyen de filmer cette scène de tempête.

— Tu lui as téléphoné ce matin ? Le matin de Noël ?

— Pourquoi pas ? intervient Genèva Gélinas en pénétrant dans le salon. Pour une fois que tous les deux ont du temps de libre…

Gratien a déjà quitté la pièce et Simone regarde sa belle-mère s'agenouiller à côté des enfants. Une sorte de calme s'installe et la jeune femme ferme les yeux. Elle peut se reposer, Genèva est là. Comment a-t-elle pu l'oublier ?

∽

— Viens t'asseoir, Marc, dit Gratien.

Simone pivote sur le banc du piano. Gratien tire son ami et l'assoit avec autorité dans le fauteuil. Marc Audet sourit à la jeune femme mais semble sonné, presque sur le point de tomber dans les pommes.

— Chérie, tu pourrais lui servir un bon cognac ?

Simone obtempère, tout en demandant :

— Quelque chose est arrivé ?

— Notre scène de tempête est réussie ! jubile Gratien en marchant d'un bout à l'autre du salon. Écoute, c'est incroyable ! On roulait rue Sherbrooke et soudain, que voit-on ? Une souffleuse qui crachait de la neige ! Alors on s'est installés devant, on s'est préparés et, quand elle est arrivée à ma hauteur, je me suis mis à courir en raquettes. C'était parfait !

— On a failli mourir assommés, oui ! s'exclame Audet en brandissant son verre. Ce n'était pas de la neige que la souffleuse projetait, mais des morceaux de glace. Et moi je filmais, je ne pouvais pas me protéger !

Il s'adosse et prend une bonne lampée d'alcool.

— J'espère que la prise de vue est réussie, marmonne-t-il. Il faut qu'elle soit réussie !

— Elle le sera, clame Gratien en lui assénant une bonne claque sur la cuisse. J'en suis persuadé, tu es le meilleur !

∽

Genèva se laisse tomber sur une chaise devant la table de la cuisine tandis que Simone lui apporte une tasse de thé fumante.

— Quelle affaire ! s'exclame la mère de Gratien en enserrant la tasse à deux mains. Je suis arrivée en plein drame, crois-moi ! Gratien était effondré !

Soucieuse, Simone s'assoit en face d'elle. Depuis Noël, Gratien ne vient presque plus à la maison, occupé par les répétitions de *Fridolinons 43* et par le montage du film. Comme les enfants réclamaient sa présence, Genèva a cru bon de les emmener au studio pour une petite visite.

— Quand je suis entrée, ils projetaient le film. Ils étaient tous révoltés par le mauvais travail de copie. Gratien marchait dans tous les sens en clamant :

« Douze heures de train pour aller à New York, une journée pour leur expliquer ce qu'on veut et qu'est-ce qu'on reçoit ? Du travail pourri ! » Moi, je trouvais Juliette Béliveau assez drôle, mais eux ne voyaient que les défauts, énormes, paraît-il. Quand ça a été fini, Gratien a explosé. C'était mauvais ! Les couleurs étaient délavées ! Tout cet effort pour un si piètre résultat ! Ensuite il est allé s'enfermer dans son bureau. Et moi, je suis repartie. Les enfants n'ont même pas pu embrasser leur père !

— Gratien a tellement travaillé, s'inquiète Simone, il a les nerfs à fleur de peau. Vous le savez, belle-maman, je crois qu'il n'a jamais autant travaillé que cet automne. Comme il doit être déçu !

— Mais ce n'est que la copie qui est ratée ! Pas l'original ! Je sais, Gratien a autre chose à faire que de retourner à New York, mais il le savait que ce film serait une entreprise compliquée.

Genèva boit une gorgée de thé. Son visage rond, au regard habituellement vif, est songeur. Elle murmure :

— Il a tant besoin d'être le meilleur. D'être apprécié de tous. Je me demande…

Elle se tait, les yeux dans le vague, et Simone sait qu'elle pense à son passé, au petit Gratien ballotté entre deux querelles. À quel point sa personnalité en a-t-elle été marquée ? Le silence est lourd. Simone voudrait le rompre en interrogeant sa belle-mère sur sa vie, sur Mathias, sur leur amour raté. Elle comprendrait mieux Gratien si elle savait ! Mais elle n'ose pas. Genèva ne parle quasiment jamais de son passé, sauf pour dénigrer Mathias avec une hargne qui surprend.

Simone se lève. Pierrot pleure là-bas dans son lit. Mais, en s'éloignant, elle a l'impression d'avoir manqué une belle occasion d'entrebâiller une porte qui, peut-être, se serait ouverte facilement. Ce soir-là, Simone s'installe à son secrétaire. Elle ne sait si Gratien va rentrer cette nuit, mais elle veut qu'il lise ses mots de réconfort. S'il ne vient pas, elle lui fera porter cette lettre demain.

Mon trésor, j'admire ta volonté de fer, ta persévérance dans le travail, ton génie j'y suis habituée, mais ta ténacité, ta force de volonté me dépassent. Tu ne peux faiblir, ce que tu veux tu le réalises, tu es fort, tu réussiras toujours, tu ne peux pas ne pas réussir, tu n'as jamais manqué quoi que ce soit penses-y, tu fais un succès de tout ce que tu entreprends, tu es un surhomme.

Je t'aime, je t'aime, je t'admire mon trésor, je voudrais donc pouvoir t'aider, je veux que tu me le demandes, si je puis faire quoi que ce soit à n'importe quelle heure du jour ou de la nuit, je suis ta petite femme qui t'aime, celle qui de tous et de toutes, a eu le plus confiance en toi, tu ne m'as jamais déçue et je crois que tu es un grand producteur de cinéma, mais tu commences, et tu as déjà fait un film épatant.

∞

Le rideau s'ouvre sur Fridolin, vif comme un jeune garçon, la mèche au front et les bretelles de ses culottes courtes bien tendues sur le chandail au logo du Canadien. Nulle trace d'épuisement sur son visage aux yeux grands ouverts. *Fridolinons 43* commence et personne dans la salle ne se doute que Gratien n'a presque pas dormi depuis trois jours. En lavant du linge dans une machine qui semble dater du siècle dernier, Fridolin chante une chanson dans laquelle il se plaint de travailler à la place de sa mère, engagée par une usine de guerre. Puis le téléphone sonne et Fridolin répond:

— *Allô?... Oui, Gugusse, soi-même!... Non, pas de partie de hockey pour moi aujourd'hui!... Non: il faut que je reste à la maison... Parce que, deuxièmement, je lave le linge sale de la semaine, à la place de ma mère qui travaille dans les munitions et, premièrement, mes culottes sont dans le moulin[1]...*

Fridolin discute ainsi avec Gugusse, lui exposant son idée d'une nouvelle méthode pour faire la guerre.

— *Vois-tu, Gugusse, mon plan, il est basé sur un grand principe que tu peux pas en sortir: c'est pas en cassant la gueule à nos ennemis qu'on s'en fera des amis. Il me semble que tout l'argent qu'on dépense à acheter des bombes, des balles, des torpilles et tout le branle-bas de combat, on devrait le dépenser à acheter des cadeaux, des bonbons, des bouteilles de scotch, des oranges, et cætera... Et puis on devrait les bombarder avec ça[2].*

Après un long coup de téléphone au premier ministre du Canada, Mackenzie King, puis une danse et l'ouverture officielle du *Troisième front du rire*, Fridolin s'avance seul en scène pour son monologue de bienvenue. Les spectateurs adorent ce moment, pendant

1. Gratien Gélinas, *Les Fridolinades 1943 et 1944*, p. 16.
2. *Ibid.*, p. 17.

lequel Fridolin vient prendre des nouvelles de son public et jaser de l'actualité comme s'il était assis dans son salon. *Allô!... comment ça va, chers vous autres, pour la sixième année consécutive? Ça me fait plaisir de vous revoir. Sans blague: quand on a été créé et mis au monde pour faire des séances et qu'on en fait rien qu'une par année, on trouve que le rideau reste baissé longtemps entre les fois!*

Nerveuse, figée sur son siège, Simone attend le moment de la projection du film avec impatience. Elle sait que Gratien doit avoir des papillons dans l'estomac quand, à la fin de son monologue, il conclut en disant: *Si le film ne vous plaît pas, il y aura bien de la ferraille pour la récupération la semaine prochaine. Mais s'il vous déplaît pas trop, disons qu'après bien d'autres efforts, il y aura une petite industrie de plus dans la Province, avec le sirop d'érable, la catalogne, puis les familles nombreuses* [1]*!*

Le rideau de scène s'ouvre sur un écran. Autour d'elle, le public commente cette apparition inattendue. La projection de *La dame aux camélias, la vraie* est à peine démarrée que quelques sifflets retentissent. Plusieurs spectateurs grognent, mécontents de ne pas voir Fridolin en chair et en os. Il faut de longues minutes pour que tous s'intéressent au sort d'Armand à la conquête de sa dame.

Pendant la projection, Simone réprime quelques bâillements. Elle entend Genèva et Rollande échanger des commentaires à voix basse. Le film est longuet, doivent-elles se dire, surtout pour un public de

---

1. Gratien Gélinas, *Les Fridolinades 1943 et 1944*, p. 35 et 38.

revues… À la fin de la projection, les applaudissements sont légers. Simone a un pincement au cœur. Comment Gratien réagira-t-il ? Il a consacré tant de temps à ce film et la réaction est tiède, si tiède.

Après la revue, elle ne peut même pas l'approcher. Gratien est entouré de son masseur, de son comptable, de Pelland, de Morisset, des journalistes… Alors Simone quitte le théâtre avec Genèva. Plus tard, demain ou dans deux jours s'il le faut, elle lui offrira la chaleur réconfortante de ses bras. Il en voudra au public de sa froideur et il sera déprimé et aigri pendant de longues semaines. Puis, espère Simone de tout son cœur, il abandonnera ce projet fou de faire du cinéma en temps de guerre, alors que même la pellicule est rationnée par le gouvernement.

5

Le conscrit entre en scène

L a maison de la rue Woodbury bourdonne comme une ruche. Un verre à la main, les invités se promènent entre le salon et la cuisine, tandis que les enfants se faufilent parmi eux et plongent leurs mains dans les bols de sucrerie posés çà et là. En ce mois d'avril 1946, on célèbre le baptême du dernier-né du couple Gélinas, Pascal.

Le nourrisson dort profondément dans les bras de sa marraine. Alors Simone, oubliant pour quelques instants sa fatigue, passe de l'un à l'autre, un plateau de hors-d'œuvre à la main et un sourire heureux aux lèvres. En plus des familles élargies Gélinas et Lalonde, les principaux collaborateurs de Gratien sont présents : la costumière Marie-Laure Cabana et son

Le départ du conscrit, un des sketches de *Fridolinons 44*.
Le personnage du conscrit, futur Tit-Coq, y apparaît pour la première fois.

mari, le décorateur Jacques Pelletier, Mlle Moreau, la secrétaire, Roméo Carle, le comptable...

Voyant ce dernier absorbé par une grande conversation avec Gratien, Simone ne peut réprimer un sourire d'amusement devant le contraste de leurs silhouettes, toute mince pour Gratien, large et bedonnante pour Roméo. Simone s'approche. En ce jour de fête, elle peut interrompre les conversations les plus sérieuses.

— Roméo, laissez-vous tenter par ces délicieux canapés...

— Avec plaisir, très chère. Gratien, votre femme embellit avec les maternités!

Gratien sourit sans répondre, puis mord dans un canapé. Un léger malaise s'installe entre les trois. Pour le dissiper, Roméo ajoute, un peu maladroitement:

— À votre dixième, vous serez la plus belle de tout Montréal!

— Si je me rends jusque-là! Je vous quitte, ma distribution de canapés n'est pas terminée.

Simone leur tourne le dos et, de chagrin, avale douloureusement une grosse boule qui lui étreint la gorge à cause du regard presque indifférent de son mari et de son manque d'entrain à la complimenter. Gratien fait-il exprès de l'humilier ainsi en public? Depuis son retour de Chicago un mois plus tôt, une partie de lui est absente. Dans l'esprit de Simone, un visage de femme apparaît, celui de la jeune comédienne Huguette Oligny. Simone n'a aucune preuve d'une inclination de son mari pour elle. Mais quelle douceur illumine le visage de Gratien lorsqu'il est en sa présence, et quelle émotion perce dans sa voix lorsqu'il parle d'elle!

Cet après-midi, tout le monde ne parle que de Gratien, de son succès cet hiver comme comédien. Avec une troupe d'acteurs de Montréal, dont Huguette, Gratien a joué dans une pièce américaine, présentée ici et à Chicago : *St. Lazare's Pharmacy*. La pièce était quelconque, mais les critiques et le public ont été enchantés par le jeu très typé de Gratien. Depuis quelques années déjà, les Américains entendaient parler de ce producteur de revues à succès ; avec la pièce, ils ont compris à quel point il est l'enfant chéri des foules.

Depuis, plusieurs producteurs des États-Unis essaient de l'attirer sur Broadway. Simone sait à quel point Gratien est tenté par la conquête de cet immense public. Comme il a envie d'entendre résonner tous ces rires, de voir tous ces visages confiants levés vers lui !

Mais Gratien hésite. Il voudrait offrir aux Américains une œuvre digne de ce nom. Une revue, de la meilleure veine soit-elle, ne laisserait pas un souvenir très durable... Et depuis qu'il a joué dans *St. Lazare's*, Gratien est tenaillé par une forte envie d'écrire. Dans *St. Lazare's*, il voyait tous les défauts du texte mais ne pouvait rien y faire ! Il a rapporté de Chicago plusieurs livres sur l'écriture dramatique et dans quelques semaines il ira à New York prendre part à un atelier d'écriture.

Et les revues, dans tout ce brouhaha ? C'est justement la question que pose Rollande, la sœur de Gratien, à un groupe d'invités. Elle lance avec feu :

— *Fridolinons 45* a été joué cinquante-quatre fois, vous vous rendez compte ? Il y en a eu des gens déçus cette années parce que Gratien a annulé la revue de 1946 !

— Mais c'est le cadet de nos soucis! rétorque Mia Riddez, comédienne et épouse de Louis Morisset. Maintenant, il faut que Gratien écrive une pièce! Il en est tout à fait capable! Ses sketches, ce sont des pièces en soi!

Simone, passant à côté du groupe, croise le regard impassible de Claude Robillard, qui a écrit une partie des sketches de *Fridolinons 44* et *45*, après le départ de Louis Pelland. Croit-il, lui, que Gratien a les ressources pour écrire seul une pièce?

— Justement, intervient le comédien Bernard Hogue, vous vous souvenez comme le conscrit a été bien reçu? Ce personnage-là, un bâtard qui part à la guerre, ça ferait un bon sujet de pièce. Fred n'arrête pas de répéter à Gratien de le ramener, son petit conscrit.

Simone revoit Gratien habillé en vareuse, son barda sur l'épaule, entrer en scène en sifflant une chanson populaire. Il apostrophait la serveuse derrière son comptoir:

— *Bonjour, mam'zelle, puis excusez-la! Je la sais pas beaucoup, c'te chanson-là! Mais paraît que ça se gueulait ben gros à la guerre d'avant celle-citte!*

Et comme la serveuse lui demandait ce qu'il voulait prendre:

— *Moi? J'ai besoin de rien. J'ai regardé dans la vitrine, avant de traverser à la gare Windsor, je vous ai vue, puis je suis entré... parce que vous aviez l'air consolante* [1].

Ce sketch, qui montrait du doigt tous les profiteurs de la guerre, y compris les ouvriers dans les usines

---

1. Gratien Gélinas, *Les Fridolinades 1945 et 1946*, p. 55.

d'armement, était devenu le meilleur de *Fridolinons 45*. Le personnage du conscrit, nerveux, grande gueule mais très tendre au fond, Gratien l'avait taillé à sa mesure.

— Simone ? lance Mia Riddez. Louis me disait que Gratien veut écrire une nouvelle revue et la faire traduire ensuite en anglais ?

— Peut-être, répond la jeune femme. Il avait ce projet avant *St. Lazare's*. Gratien est sollicité de toutes parts ces temps-ci, il ne sait plus trop où donner de la tête.

— Je bois à la nature prudente de Fridolin ! s'exclame Bernard Hogue en levant son verre.

Mia tire Simone à l'écart.

— Vous êtes pâle, Simone. Peut-être devriez-vous aller vous reposer ?

Simone offre à son amie un pâle sourire, sans trouver le courage de répondre. Oui, elle doit s'allonger. Depuis la naissance de Pascal, elle se sent inhabituellement fatiguée. Après sept enfants — Simone a un petit serrement de cœur à la pensée du petit Claude, né en 1940 et mort à six mois —, est-ce qu'une femme n'a pas enfin le droit de s'arrêter ? Dès qu'elle se sentira mieux, elle ira poser cette question à son directeur de conscience. Dieu encourage l'union de l'homme et de la femme dans le seul but de procréer. Mais n'a-t-elle pas fait plus que sa très juste part ?

∽

— *Ouais, je suis un enfant de l'amour, comme on dit. D'habitude, ils sont plus beaux que les autres. J'ai été élevé chez les Sœurs Grises, au pied de la côte de la rue Atwater. Aussitôt que j'ai pu dire deux mots, elles m'ont montré à déclamer: «Amène-moi, papa! amène-moi, maman!» à tous les visiteurs qui venaient à la crèche pour adopter un petit. Mais j'étais pas assez «cute». Ça fait que j'ai collé sur les tablettes*[1].

Assise dans une loge du Monument-National en compagnie de ses trois aînés, Simone écoute, les sourcils froncés, Gratien dire un des monologues qui composent les sept tableaux du sketch *Le retour du conscrit*. En ce 5 octobre 1946, c'est l'avant-première de *Fridolinons 46, La revue des revues*. Gratien possède mal son texte et ses gestes manquent de naturel. Ces derniers jours, il n'a presque pas dormi! Malgré tout, ce personnage de conscrit seul au monde qui revient au pays pour retrouver sa blonde mariée à un autre captive le public. Gratien instille à ce personnage une urgence de vivre, une gouaille et une vivacité authentiques que les spectateurs, Simone parmi eux, reçoivent en plein cœur.

Pendant l'intermède musical qui suit, Simone ne peut s'empêcher de dire à ses enfants:

— C'est une très belle revue, vous ne trouvez pas?

Les décors et les costumes de *Fridolinons 46* sont magnifiques: Simone se croirait à New York, à l'un des spectacles auxquels elle a assisté ces dernières années avec Gratien. Elle est heureuse que, parmi toutes les avenues qui s'offraient à lui ce printemps — faire traduire *Fridolinons 45*, écrire une pièce ou une nouvelle

---

1. Gratien Gélinas, *Les Fridolinades 1945 et 1946*, p. 252.

revue —, il ait choisi la dernière option. Il est si bon et tant aimé! Son équipe et lui ont eu une idée de génie : regrouper les meilleurs sketches de ses huit revues précédentes. Seul *Le retour du conscrit* est neuf. Les Américains ne pourront demander mieux!

Après la représentation, tandis que Sylvie et Yves courent entre les rangées de bancs, Simone et Michel vont en coulisse. Derrière le rideau fermé, parmi les décors du dernier numéro, un groupe d'une quinzaine de personnes sont rassemblées autour de Gratien et du régisseur, qui coordonne tous les détails techniques du spectacle.

Gratien a son ton de voix des mauvais jours, cassant et impatient. Avec Claude Robillard, Louis Morisset et d'autres, il discute âprement du déroulement du spectacle. Un des sketches est tombé à plat, suscitant un intérêt très tiède : on le retire du spectacle. Ensuite Gratien décide de modifier l'enchaînement, déplaçant vers la fin de chaque partie les numéros qui ont été les mieux accueillis.

Observant le régisseur, qui prend des notes, Simone le voit blêmir à chaque changement. Elle sait que Gratien a raison, que l'effet sur le spectacle est primordial, mais quel travail pour le pauvre homme! Transmettre les nouvelles indications aux machinistes, à l'éclairagiste, à la souffleuse et aux comédiens, d'ici la première qui aura lieu dans quelques heures!

Dès que la discussion est terminée, Gratien se retire dans sa loge. Simone entraîne Michel vers la salle. Jusqu'au lendemain, Gratien leur est inaccessible. Il va se reposer, manger, puis réviser les textes qu'il possède mal. Il lui faudra plusieurs jours pour retomber sur terre et oublier sa revue, ne serait-ce qu'une heure par jour.

∾

Un parfum sucré monte à la fenêtre. Simone a envie d'aller contempler la fleur qui sent si bon mais, alanguie par la chaleur du Mexique, elle reste allongée sur le sofa. Un livre à la main, Gratien est installé dans le fauteuil d'en face, jambes croisées. Simone sait qu'il ne lit pas. Il n'a pas tourné de page depuis belle lurette.

Elle reste les yeux mi-clos, sentant le regard de son mari errer sur elle, sur ses formes arrondies par les maternités, sur ses cheveux encore d'un noir de jais étalés sur le coussin derrière sa tête. Soudain, Simone ouvre de grands yeux vers lui, avide de lire son expression. Mais il n'y a rien. Un masque. Tout de suite il détourne la tête vers la fenêtre. Oui, son visage est un masque, et seuls ses yeux, parfois, expriment l'amour, la tendresse ou le désir...

Saisie d'un vertige, Simone met la main sur son visage. Depuis quand n'a-t-elle pas vu d'amour dans les yeux de son mari? Du désir, oui. De la tendresse, parfois... Mais de l'amour? Si souvent, Simone doit museler son cœur, briser les élans de passion que son mari lui inspire encore, parce que son être à lui est occupé par le souvenir d'une autre femme.

La douleur est vive et Simone inspire un bon coup. Elle sait qu'il a été passionnément amoureux d'Huguette Oligny. Il en a parlé à plusieurs personnes et Simone en a eu des échos. Mais Huguette refuse une liaison avec un homme marié. Et Gratien ne quittera jamais sa femme. D'où Simone tient-elle cette certitude ? De ce qu'elle connaît de son enfance, sans doute, de sa blessure encore vive. Simone est persuadée que Gratien l'aimera à nouveau. Elle est toujours là, elle l'écoute et l'encourage, et elle lui ouvre ses bras avec une joie réelle. Il l'aimera.

— Je recommence à y penser, dit soudain Gratien. Depuis le début des vacances, mon esprit était au point mort. Mais aujourd'hui, ma revue en anglais me hante.

En ce mois de février 1947, deux mois après la dernière représentation de *La revue des revues*, Gratien veut s'attaquer à son projet de faire traduire le spectacle en anglais. Mais il tergiverse encore, tourne autour du pot, incapable de s'y mettre vraiment. Gratien est ainsi : pendant des mois, à propos de l'écriture d'un sketch ou d'une décision à prendre, il avance et recule. Un jour, acculé au bord de l'étang, il s'y jette mais doit nager jour et nuit, de toute sa force !

∽

— On récapitule, lance Louis Morisset d'une voix forte. Ce n'est pas très compliqué. D'un côté, il y a les revues. En anglais ou en français, aux États-Unis ou ici, ça n'a pas d'importance. Ce qu'il faut considérer, c'est que Gratien continue dans cette veine. Vous êtes d'accord ?

Plusieurs approuvent du chef. Par une belle soirée de septembre 1947, ils sont cinq, assis en rond dans le salon. Outre Gratien, Simone et Louis, il y a le journaliste Kenneth Johnstone, devenu un proche de Gratien, et Pax Plante, qui administre les revues. Gratien doit une fois pour toutes décider de son avenir. Exaspéré par sa propre indécision, il a convoqué cette réunion.

— Je ne suis pas sûr, rétorque Gratien. Que la revue soit produite par les Américains ou par nous, c'est quand même une sacrée différence !

— Attendez, Gratien, intervient à son tour Johnstone. Je crois comprendre où Louis veut en venir. Il ramène ça à l'acte de création, qui est plus important que l'argent ou la notoriété. Côté écriture, vers quoi voulez-vous vous diriger ?

Simone hoche vigoureusement la tête. La tension vient de baisser considérablement dans la pièce. Elle regarde Louis, un léger sourire aux lèvres. Comme il sait rester calme même si Gratien, depuis deux longues heures, rumine pour la énième fois tous les aspects de la question ! Croisant son regard, Louis lui fait un léger clin d'œil, puis reprend :

— Merci. D'un côté, donc, les revues. De l'autre, une œuvre dramatique. Qu'il s'agisse d'un scénario de film, comme on te l'a proposé ce printemps, ou d'une pièce, c'est secondaire. Qu'as-tu envie de faire, Gratien ? Écrire des sketches ou une œuvre plus longue ?

Tous les regards se portent vers le revuiste. Il est assis sur une chaise, jambes largement écartées et coudes posés sur les genoux. Dans le silence qui suit, Simone entend battre son propre cœur. Elle voudrait tant que Gratien se décide enfin ! À chaque retour de New York, il est tout feu tout flamme, prêt à attaquer le public américain, puis quelqu'un lui propose un autre projet qui l'emballe... pour un temps.

Tous ici connaissent la réponse de Gratien. Il a envie d'écrire une œuvre dramatique. Et Simone est persuadée que tous, également, pensent au conscrit, qui a été le personnage central de deux sketches et que Gratien joue avec intensité. À New York, lors d'un stage en écriture dramatique, il en a même fait le personnage central d'une pièce. Né hors mariage, élevé à l'orphelinat, le conscrit est seul au monde. Juste avant de partir pour l'Europe avec l'armée canadienne, il rencontre une jeune fille qui devient sa blonde. Pendant sa longue absence en Europe, elle se marie avec un autre.

De retour au pays, il la revoit. Elle l'aime encore, mais il refuse de la reprendre dans ses bras. Si la jeune fille divorce pour devenir sa compagne, le conscrit sera pour toujours banni de sa belle-famille. Plus qu'une épouse, c'est une famille qu'il souhaite, belle-mère et cousins compris.

Gratien est transporté par le sujet, tous le savent ici. Trouvera-t-il le courage de le prendre à bras-le-corps ? Gratien se lève, marche jusqu'à la cheminée et en flatte les pierres. C'est le dos tourné qu'il lance, d'une voix épuisée, éteinte :

— Six mois de misère… C'est ça que vous voulez pour moi, six mois de misère ?

Après un lourd silence, Pax Plante se racle la gorge.

— Réfléchis un peu. Imagine avec quelle stature tu entrerais aux États-Unis si tu étais l'auteur d'une pièce à succès.

— N'as-tu pas dit, lance Morisset avec feu, que ton idéal était de traduire l'âme canadienne dans ce qu'elle a d'universel? Quoi de mieux qu'une pièce, alors? Bon sang, Gratien, pourquoi hésites-tu encore?

Gratien se retourne d'un coup et ouvre les bras. Il s'exclame:

— Parce que j'écris comme un escargot, voilà! Parce que chaque mot imparfait m'arrache le cœur! Allez donc tous vous coucher. Je vais l'écrire, votre pièce. Mais tant pis pour vous si je suis d'une humeur de chien pendant ce temps-là!

Le metteur en scène Gratien observe le jeu des comédiens,
pendant les répétitions de *Tit-Coq*.

Gratien en Tit-Coq et Olivette Thibault en Marie-Ange
au moment de la création de la pièce, en mai 1948.

6

Un théâtre « canayen »

La porte du studio grince en s'ouvrant et le son se répercute dans le vaste espace. Simone réprime une grimace. Elle est sûre que Gratien, seul dans son bureau, l'a entendu. Mais rien ne bouge. Le studio est anormalement tranquille — aucune répétition n'a lieu et personne ne circule, affairé à quelque tâche. On croirait que le studio au complet retient son souffle pendant que Gratien rédige sa première pièce.

Derrière Simone, Yves pouffe de rire. La jeune femme a laissé les trois plus petits à la maison avec Genèva. Avec ses plus vieux, elle est venue chercher Gratien. Aujourd'hui, le 8 décembre 1947, il a trente-huit ans. Tous quatre marchent sur la pointe des pieds : ils lui font une surprise.

Simone vient rarement ici sans s'annoncer. Elle sait que Gratien a besoin de tout le calme possible. En marchant à pas de loup, elle sent son cœur qui bat trop fort. Si une jeune femme se trouvait avec lui? Elle a envie à la fois de s'enfuir à toutes jambes... et de surprendre son mari en flagrant délit, pour rompre le silence qui s'est installé entre eux, un silence qu'elle n'ose pas briser parce qu'elle a peur des éclats de Gratien et parce qu'elle est souvent si lasse...

La porte du bureau est ouverte et Gratien, assis la tête penchée derrière sa table de travail, semble absorbé. Pourtant, il a sûrement entendu les enfants qui chuchotent et répriment des éclats de rire. Rassurée de le voir se prêter au jeu, Simone fait signe aux enfants de se placer de chaque côté de la porte. À son signal, tous trois se précipitent dans la pièce en criant:

— Surprise!

Gratien fait mine d'éprouver une vive frayeur. Dans le brouhaha qui s'ensuit, Simone regarde autour d'elle. Tous les signes d'un écrivain au travail sont là: feuillets épars sur le bureau, tasses de café alignées dans un coin, corbeille à papier débordante et, surtout, notes d'encouragement épinglées à un tableau. *Je suis pondéré; j'utilise toute influence pour développer en moi le calme et l'équilibre mental; j'ai le contrôle complet de moi-même.*

Plus loin, une coupure de journal est affichée. C'est le communiqué de presse que Gratien a envoyé aux médias, deux mois plus tôt, pour annoncer sa décision d'écrire une pièce. *La présentation de cette pièce n'interrompra que momentanément la série de mes revues, auxquelles je reviendrai dès que les circonstances me le permettront.*

Le revuiste rejoint sa femme et l'embrasse sur la joue, comme ils le font toujours en présence des enfants.

— Joyeux anniversaire, dit Simone en souriant.

Elle voudrait replacer la mèche de cheveux qui tombe sur son front, mais n'ose pas. Elle retient souvent ses gestes de tendresse, par crainte de l'importuner. Gratien envoie les enfants courir dans la grande salle de répétition et s'amuser avec les décors et les accessoires des revues passées. Il se prépare à partir, rassemblant les papiers éparpillés. Simone le regarde, retenant les questions sur son travail qui se bousculent à ses lèvres. Gratien travaille d'arrache-pied, se relevant souvent la nuit pour noter une idée ou ruminer un détail qui le préoccupe. Si d'aventure il est à la maison, Simone ne parle jamais la première de son travail, par crainte de provoquer une saute d'humeur. Quand ils sont assis tous les deux à table, après le repas des enfants, il lui confie des choses, ce qu'il a découvert sur un personnage ou un rebondissement dramatique qu'il vient d'envisager.

— Drôle de journée, dit Gratien en enfilant son manteau. Mon plan n'a pas progressé beaucoup. Il faut pourtant que je l'achève! Dieu que je déteste cette étape. J'ai l'impression d'avoir de la glaise entre les mains. Pire : de la boue.

Et Gratien grimace en regardant ses deux mains ouvertes. Puis il croise les bras derrière son dos en haussant les épaules, d'un air qu'il voudrait dégagé. Mais il lutte contre son dégoût de ce travail préliminaire. Il voudrait déjà aligner les répliques, imaginant le comédien sur scène...

— De toute façon, ça suffit, poursuit Gratien en guidant Simone vers l'escalier. J'ai décidé d'arrêter de me gratter le bobo. Écoute !

Il s'arrête net, revient sur ses pas et prend un cahier ouvert sur son bureau. Il lit :

Je vais cesser de penser à moi pour ne voir que l'âme de mes personnages. Je veux faire une pièce qui disséquera le fond de leur être et je ne pense qu'à moi, qu'à ma part dans cette aventure. Je ne vois que l'auteur de la pièce, ses misères, ses angoisses à lui, ses espoirs et ses craintes, et non pas ceux de mes personnages. Ils sont là tout grouillants d'une vie intense que je n'ai qu'à transcrire. Pour peu que j'arrêterai de me prendre le pouls et de me tirer aux cartes, moi, ils me parleront et ma pièce sera là, toute faite de leur pathétique, de leur humanité à eux.

— Je suis sûre que tu vas y arriver, lance automatiquement Simone.

Combien de fois a-t-elle dit cette phrase ? Elle lui vient spontanément dès que Gratien émet des doutes sur sa capacité de réussir ce qu'il entreprend. Elle ajoute encore, comme presque chaque fois :

— J'ai confiance en toi, tu as tous les dons pour réussir.

∞

— J'ai terminé ! clame Gratien en surgissant comme un boulet de canon dans la cuisine. Alléluia !

Brassant la soupe devant la cuisinière, Simone regarde son mari avec de grands yeux. Il brandit une pile de feuilles couvertes de son écriture large. Son visage illuminé semble refléter la belle lumière de cet après-midi d'avril 1948. Il se laisse choir sur une chaise.

— Vraiment? demande Simone. Tu t'es rendu jusqu'au bout?

— Jusqu'à la dernière scène du dernier acte. Tu me donnerais un verre d'eau?

Il le cale d'un trait.

— Dieu soit loué! murmure Simone, les deux mains pressées contre son cœur.

Six mois d'un travail acharné, de tous les instants. Six mois à ne parler que de *Tit-Coq*, à gémir quand les mots s'enfuyaient, à s'extasier quand ils s'offraient tels des fruits mûrs... Simone sent une effusion de joie l'envahir tout entière. Elle amorce un mouvement vers son mari quand il bondit sur ses jambes.

— Il faut que j'appelle tous les comédiens. Je vais leur lire la pièce demain!

Il se précipite hors de la cuisine et Simone reste les bras ballants. Son regard tombe sur le manuscrit, posé sur la table de la cuisine. Elle le prend, le feuillette. Elle lit les noms des personnages dont Gratien lui a si souvent parlé: Jean-Paul, Marie-Ange, Rosie, le Padre. Elle lit des répliques au hasard, étonnée par cette langue nerveuse, si proche du langage parlé. Elle pense aux pièces de Marcel Pagnol, que Gratien admire tant. Les manuscrits du grand écrivain français sont-ils semblables, pleins de ratures, d'exclamations, de phrases qu'il faut lire à voix haute pour en saisir toute la beauté?

Tit-Coq: Je serai là en maudit. Comme ça le petit il se le demandera pas une seconde, lui, où ce qu'est son

*père. Je veux être là pour l'embrasser pis jouer avec lui
la première journée, pas le trouver élevé à l'âge de
deux, trois ans. J'ai manqué la première partie de ma
vie, O.K. Mais je raterai pas une seconde de la
deuxième. Pis lui ça va être un vrai bel enfant, comme
sa mère* [1].

Simone dépose le manuscrit et soupire profondément. La période de rage créatrice s'achève, mais une
autre au rythme fou va commencer: celle des répétitions! Elle aurait pourtant tellement de choses à discuter avec son mari: certaines notes plus faibles aux bul-
letins scolaires des grands ou les chambres qu'il
faudrait réaménager pour loger adéquatement tout ce
beau monde. Il y a aussi la palpitation qu'elle sent parfois au cœur et qui commence à l'inquiéter...

Joignant les mains en une sorte de supplication,
Simone lève le regard vers le ciel et demande à Dieu
que la pièce soit à l'affiche pour des centaines de représentations et que Gratien, ainsi, ait plus de temps
pour eux.

∽

Louis Morisset, Genèva et Simone sont assis côte
à côte sur les sièges du Monument-National. En ce
21 mai 1948, c'est la générale de *Tit-Coq*, qui se joue
en costume, avec les décors, comme une représentation devant le public. Les accrocs sont nombreux. Le
plateau tournant que Gratien a fait installer refuse de

---

1. D'après l'enregistrement de la pièce, mai 1948.

bouger, les comédiens ratent leur entrée, l'éclairagiste se trompe de jeux de lumière.

Il est onze heures du soir et la générale, commencée quatre heures plus tôt, est loin d'être finie. Gratien est un vrai paquet de nerfs, il se démène comme un diable dans l'eau bénite. Il crie des ordres à droite et à gauche, bouscule les comédiens, les fait reprendre cinq fois une réplique qu'il juge mal prononcée. Comme il est alors impitoyable! Quand il écrit ses textes, il entend dans sa tête le comédien lancer sa réplique; sur scène, il veut la même chose, telle intonation à cet endroit, tel débit, telle expression du visage... Les comédiens, surtout les novices, se font ainsi reprendre des dizaines de fois.

Simone et ses deux compagnons, désireux de passer inaperçus, observent une immobilité absolue. À peine se chuchotent-ils quelques remarques de temps à autre. En un mois, un gigantesque travail a été abattu, non seulement par Gratien mais par tous les membres de l'équipe. Gratien tenait absolument à présenter sa pièce au public avant l'été, quitte à la retravailler pour une reprise à l'automne. Les producteurs américains le contactent fréquemment, pressés de garnir leurs coffres avec Gratien Gélinas, auteur à succès!

— Olivette, tu dois t'asseoir après ta réplique!

Gratien, bien sanglé dans son uniforme de conscrit, arpente la scène d'un pas furieux.

— Où as-tu la tête? C'est la quatrième fois que tu te trompes dans cette scène!

— Gratien, cesse tes jérémiades, intercède Fred Barry, assis au premier rang. Tout le monde est à bout. Reprends.

Subjugué par le ton calme mais autoritaire de son mentor, Gratien obéit. Morisset se penche vers Simone et demande :

— Comment trouvez-vous le jeu de Gratien et d'Olivette ?

Simone réfléchit un instant et répond :

— Trop... appuyé, il me semble.

— Exact. Trop mélo. On le lui dira ? Parce qu'il va sûrement vouloir faire répéter encore la pauvre Olivette.

— Il faut, intervient Genèva. Leur scène d'amour nous amuse au lieu de nous émouvoir, c'est mauvais signe.

Le silence retombe entre eux, tandis que, sur scène, Tit-Coq réalise que Marie-Ange l'aime encore et qu'elle est prête à le suivre.

∽

La salle entière retient son souffle. Sur la scène, Tit-Coq et le Padre sont seuls face à face. Ce dernier dit :

— *Tu vas te lever tout seul et droit comme un homme. Tu vas prendre la route que Marie-Ange t'a indiquée elle-même, celle de l'oubli. C'est une route pénible, tu tomberas souvent, mais tu avanceras toujours sans regarder en arrière, car c'est la seule qui mène à l'espoir. Allez, viens. La route est longue, il faut partir tout de suite. Viens, mon Tit-Coq.*

Tous deux sortent lentement. Et l'assistance reste comme assommée. Simone a la gorge nouée et plusieurs femmes alentour reniflent dans leurs mouchoirs.

Elle sait ce que les spectateurs ressentent : de la stupéfaction. Marie-Ange retourne à son mari et Tit-Coq à sa solitude. Pourtant, tous ici auraient aimé le voir heureux !

Pendant ce silence de quelques secondes, qui semble durer une éternité, Simone imagine Gratien derrière la scène, se rongeant les ongles, persuadé que c'est un échec et que le public est déçu que la pièce ne soit pas une comédie. Puis un premier bravo fuse, un applaudissement retentit et soudain c'est le raz-de-marée. Une minute plus tard, la foule est debout, applaudissant à tout rompre.

Simone, Genèva et Rollande réussissent enfin à rejoindre Gratien dans sa loge. Un groupe compact se presse autour de lui, amis, admirateurs et critiques de théâtre. Toujours habillé de son uniforme, épuisé mais heureux, Gratien remercie tout un chacun avec affabilité. Le critique de *La Patrie*, Maurice Huot, s'approche du comédien, lui serre la main et lui donne une claque sur l'épaule.

— Cher Gratien, vous avez réussi à nous faire pleurer comme des Madeleines !

— Même moi ! renchérit la journaliste Laurette Larocque-Auger, alias Jean Desprez. Et je vais l'écrire dans mon compte rendu !

Huot reprend :

— C'est une pièce vraiment canadienne que vous avez écrite là et, seulement pour cela, vous méritez toute notre admiration.

— Et quelle langue pittoresque ! ajoute Desprez, secouant sa tête coiffée d'un chapeau extravagant. Votre style est savoureux, très fort !

Enfin, la loge commence à se vider et Gratien se démaquille.

— Un succès! prédit le nouvel administrateur, Rodolphe Godin, en se frottant les mains. Demain, les billets vont se vendre comme des petits pains chauds!

— Un succès avec une bonne pièce, déclare à son tour Louis Morisset, qu'est-ce qu'un auteur peut demander de mieux?

— Moi, je m'ennuie des danseuses, intervient le comédien Bernard Hogue en passant la tête par la porte. Il me semble, Gratien, que tu aurais pu inclure une chorégraphie dans ta pièce?

∽

Rodolphe Godin prend une gorgée de limonade en contemplant le paysage.

— Travailler par une journée pareille, quel péché!

En cette radieuse journée d'août 1948, Godin, Simone et Gratien sont assis à l'ombre des arbres, à Oka, où Gratien est propriétaire d'un vaste domaine. Sous leurs yeux, le lac des Deux-Montagnes étale sa large étendue scintillante.

— Alors Gratien, reprend Godin en soupirant, où en es-tu?

— Pour *Tit-Coq*, tous mes gens sont engagés. Il me reste à retravailler le dernier acte.

— Beaucoup?

— Assez. Certains échanges ne me satisfont pas, comme je te l'ai expliqué.

— Et les Américains?

Gratien brandit une pile de lettres qu'il tenait contre lui.

— Ils sont une demi-douzaine à vouloir acheter les droits. J'ai envoyé le manuscrit à l'agence qui semble la plus intéressante, la Theatre Guild. Ils m'ont répondu par télégramme qu'ils veulent une option sur ma pièce le temps de la voir au moment de la reprise cet automne.

Godin se frotte les mains.

— Ça s'annonce grandiose, mon ami! *From boulevard Saint-Laurent to New York!* Un bon titre de comédie musicale, tu ne trouves pas?

Simone sourit et ferme les yeux. Qu'elle est bien ici, dans ce petit coin de paradis, loin du studio, des théâtres et du bruit! Il lui semble que son cœur bat plus calmement et qu'il distribue généreusement une énergie dont elle manque parfois tant, à Montréal.

— Il faut d'abord qu'ils voient la pièce, dit Gratien. Je ne crois pas que le texte seul leur dise grand-chose. Tu as réservé le Gesù?

— Oui. Quelle date exactement?

— J'ai annoncé le 11 septembre.

— Ouais. Tu y crois vraiment?

Gratien doit faire une moue dubitative parce que Godin reprend:

— Début octobre alors. Je loue le théâtre pour combien de temps? Cinquante représentations? Soixante-quinze?

— Tout dépend du coût de la location. Quelque chose entre les deux.

Le silence s'installe et, ouvrant les yeux, Simone voit que Godin regarde le lac, le quai où un petit voilier est amarré et le radeau, ancré à bonne distance de la rive.

— J'ai besoin de me rafraîchir les idées. Une baignade, Gratien?

— Tu as ton maillot?

— Non. J'en ai besoin? Je croyais qu'ici, comme c'est le royaume de la modernité et des nouveaux courants de pensée, on acceptait le nudisme. N'y a-t-il pas des poèmes de Rina Lasnier et le roman de Gabrielle Roy sur la table du salon? Des toiles de Pellan et de Masson sur les murs?

— Tu oublies l'art culinaire! renchérit Gratien. Grâce à Simone, pas de lard salé ni de rôti de porc sur notre table! Mais des salades, du pain de blé et des biscuits à la mélasse, qui sont paraît-il excellents pour la santé des enfants!

7

La chute du héros

S imone pose une valise près de l'entrée... et le jeune
Alain, qui la reçoit sur le pied, rugit comme un
chasseur se lançant sur sa proie.

— Mais qu'est-ce que tu fais là? s'exclame sa
mère en sursautant. Hélène, pouvez-vous empêcher les
enfants de tourner autour de moi?

Le garçon de huit ans détale sans demander son
reste. Excédée, Simone pousse un profond soupir et
compte les valises qui encombrent le salon. Trois pour
Gratien, deux pour Genèva, trois pour elle... Il va leur
falloir une armée de porteurs!

— On part pour New York, lance-t-elle à Genèva
qui surgit de la cuisine, et les décorations de Noël ne
sont même pas toutes enlevées!

Lors de la réception donnée en l'honneur de la
101ᵉ représentation de *Tit-Coq*, le 29 janvier 1949.
Au premier plan, de gauche à droite: Genèva Gélinas,
Gratien et Simone, Rollande et Alphonse Tassé.
Derrière Gratien: le maire de Montréal, Camillien Houde.

Gratien et celle qui interprète Marie-Ange
dans la version anglaise de *Tit-Coq*,
Huguette Oligny, en 1950.

— C'est excitant, n'est-ce pas ? Le prochain Noël, on le passera peut-être là-bas !

Simone détourne les yeux sans répondre. Elle n'ose imaginer de quoi serait faite leur vie dans la métropole américaine. Elle souhaite de tout son cœur que *Ti-Coq* (sans *t* en version anglaise) y remporte un grand succès mais, à l'idée de vivre dans cette ville étrangère, loin de tous ceux qu'elle connaît, son cœur chavire.

— Les taxis vont arriver, habillez-vous ! dit Genèva en lui apportant son manteau.

Un coup de sonnette très bref, puis Louis Morisset entre sans attendre qu'on lui ouvre. Il a les joues rouges et les yeux brillants d'excitation. Simone est ravie qu'il les accompagne dans la métropole américaine. Gratien a besoin plus que jamais, ces jours-ci, du calme et de la patience de son grand ami.

— Vous êtes prêtes, mesdames ? Je viens de laisser Gratien au studio avec Ken. Tous deux vont nous rejoindre au départ.

Simone offre à Louis un sourire reconnaissant. Elle s'inquiétait de savoir Gratien loin d'elle à un moment si crucial. Mais avec Kenneth Johnstone, un des traducteurs de *Tit-Coq* et grand organisateur de la tournée américaine, il est entre bonnes mains. La jeune femme se laisse tomber assise sur sa valise. Elle est étourdie. Tout va trop vite ! Comme les événements se sont enchaînés à vive allure depuis un mois ! Simone sent une crainte sourde, familière, la tenir au ventre.

Depuis si longtemps, depuis les dernières productions de *Fridolinons*, Gratien caressait ce projet de présenter un spectacle à New York. Mais il a tellement hésité que Simone n'y croyait plus. Jusqu'au succès d'estime et de public de *Tit-Coq*... qui a persuadé Gratien qu'il avait enfin une œuvre digne de ce nom à présenter aux Américains. En 1948 et 1949, *Tit-Coq* a été jouée deux cent onze fois à Montréal et à Québec, un succès sans précédent.

Traduite en anglais, la pièce a tenu l'affiche quarante-deux fois à Montréal. Ensuite, tout à la fin de l'année 1950 — un mois auparavant, mais comme cela semble loin déjà! —, Gratien a signé un contrat avec un producteur new-yorkais, Lee Shubert. L'entente financière à peine ratifiée, *Ti-Coq* passait une semaine à Toronto, au début de janvier 1951. L'accueil avait été triomphal; à la fin de la première, la troupe, ovationnée, avait dû saluer une dizaine de fois. Simone se souvient de ce moment avec émotion. Comme cet accueil les rassurait tous!

Pendant une semaine, Toronto avait applaudi la pièce. Puis ç'avait été le saut vers la porte d'entrée des États-Unis : Chicago. La première avait eu lieu le 15 janvier. Quelle soirée! Des changements de décor d'une lenteur épouvantable, le son et l'éclairage ratés, les critiques quittant avant la fin à cause de l'heure de tombée de leur journal... Gratien était au bord de la crise de nerfs, persuadé que la carrière de sa pièce s'achevait le soir même. Les critiques ayant paru le lendemain avaient achevé de le plonger dans une humeur noire : *Ti-Coq* était une pièce «domestique», dramatiquement faible et parfois mal interprétée. Cloîtré, sans appétit, Gratien était devenu invivable pour son entourage, ruminant sans cesse les raisons de ce qu'il croyait être un échec.

— À quoi pensez-vous, Simone ? demande Louis en s'assoyant lui aussi sur une valise. Un gros nuage vient de vous faire froncer les sourcils.

— Je pensais à Chicago, au choc que Gratien a subi. Je ne l'ai jamais vu tant souffrir...

— Il est fort, intervient Genèva. Il a repris le dessus.

— C'est parce que la pièce a été de mieux en mieux reçue, dit Louis. Il a finalement eu des critiques élogieuses et, pendant la dernière semaine, les salles étaient bonnes.

— Voilà pourquoi je suis revenue seule, poursuit Simone. Je ne l'aurais pas quitté avant qu'il soit remis du choc. Je croyais qu'il en aurait pour des mois à jouer à Chicago ! Mais non ! À peine trois semaines après la première de la pièce...

— Le coup de tonnerre ! lance Louis.

Un des seuls théâtres de New York pouvant accueillir les décors de *Ti-Coq* se libérait. Pourquoi arrêter les représentations de Chicago, qui roulaient bien ? Mais si aucun autre théâtre de Broadway n'avait de place avant un an ou deux ? Alors Gratien avait décidé de faire le grand saut.

Toute la troupe était revenue à Montréal pour quelques jours, le temps que Ken Johnstone organise leur séjour dans la métropole américaine. Quand Gratien avait rejoint sa famille à sa descente d'avion, il leur était tombé dans les bras en pleurant. Il avait sangloté de longues minutes en embrassant tout le monde, émotivement épuisé par la tension des dernières semaines.

— Gratien a tout de même bien peur de New York, murmure Simone.

Elle ressent vivement la fragilité de son mari devant le grand risque qu'il prend, celui de s'offrir en pâture à un peuple étranger. Cette quête d'applaudissements s'arrêtera-t-elle un jour? Fasse le ciel qu'il vienne alors s'appuyer contre son épaule, immobile et satisfait... Son épaule? Simone a un sursaut comme si une guêpe l'avait piquée. Gratien a engagé Huguette Oligny pour tenir le rôle de Marie-Ange en anglais... Simone est persuadée qu'ils ont en ce moment des rapports uniquement professionnels. Mais comme il s'illumine et s'adoucit en sa présence!

Un coup de sonnette impérieux les fait sursauter.

— Le taxi! s'exclame Genèva en bondissant sur ses jambes.

∞

La marquise de leur théâtre, le Broadhurst, est noyée dans un alignement de marquises toutes plus scintillantes les unes que les autres. *Fridolin in Ti-Coq (Lil'Rooster)* se remarque à peine. Simone trébuche à moitié en entrant dans le théâtre avec Genèva et Rollande. Qui donc, dans cette immense ville où des centaines de spectacles se disputent la faveur du public, remarquera la petite pièce canadienne?

En ce soir de première, le 8 février 1951, la foule se presse dans l'entrée du théâtre. Pour tromper leur nervosité, Genèva et Rollande parlent haut et rient fort. Mais Simone en est incapable. Elle se cacherait plutôt, épuisée à la seule idée d'être encore une fois l'épouse du grand homme, de devoir sourire et dire des mots aimables alors qu'elle n'a qu'une envie, se taire!

Remplie d'appréhension quant au sort que New York réserve à la pièce, Simone voudrait, tel un animal effrayé, se terrer et laisser passer l'orage. On lui saisit le coude. Simone se retourne et s'apaise aussitôt à la vue du large sourire de Louis Morisset, imposante silhouette en smoking noir.

— Je viens de quitter Gratien, annonce-t-il. Il ne tient pas en place. Il est à la veille de grimper dans les cintres. Je parierais cent dollars qu'il va donner la meilleure performance de sa carrière.

— Gratien est dans un état d'anxiété impossible. C'est normal chez un grand artiste, mais comme il s'use dans des moments pareils !

Louis ouvre la bouche pour répondre, mais il en est empêché par une quinte de toux. Simone s'enquiert :

— Votre état de santé ne vous cause pas trop de soucis ces temps-ci ?

— Ça va, répond-il brièvement. D'ailleurs, je voulais vous remercier pour l'argent que Gratien et vous m'avez avancé pour payer mon dernier séjour à l'hôpital. Je vous le rendrai, bien sûr.

Simone balaie la dernière phrase d'un geste de la main. Louis observe la foule. Il sourit toujours, mais son front est soucieux. Serrant Simone d'encore plus près, il reprend :

— Pour moi, *Tit-Coq* est une grande pièce. Vous le savez, n'est-ce pas ? Mais ne soyez pas surprise si la pièce ne dure pas ici. Il y a tellement de facteurs qui président à un succès : la publicité, le flair des producteurs, le goût du public...

Sa voix meurt. Après un moment, Simone reprend :

— Que voulez-vous dire ? Que notre passage ici est mal préparé ?

Il lui lance un regard où se lit une sorte de tristesse.

— Morris et Halperin sont des couillons qui ne font strictement rien de bon. La publicité a été quasiment nulle. Donc la quantité de billets vendus d'avance est faible. Il va nous falloir beaucoup d'argent pour tenir le coup, le temps que le bouche à oreille fasse son œuvre.

Simone fait une grimace éloquente. Elle trouve passablement compliquées les tractations financières entourant le passage de *Ti-Coq* à New York. William Morris, agent d'artistes, représente les intérêts du producteur, Lee Shubert. C'est Morris et son avocat, un certain Halperin, qui ont négocié avec Gratien et Rodolphe Godin les contrats de production sur Broadway.

— Pourtant, les journaux ont écrit que Gratien avait négocié une entente financière tout à son avantage, observe Simone.

— Gratien est habitué de se produire. Il a obtenu vingt-cinq pour cent des bénéfices. C'est énorme. Je suis étonné que Lee Shubert ait accepté cette entente.

Après un silence, Louis dit tout bas mais avec force, en pressant son poing dans sa paume :

— Je ne comprends pas. Pourquoi Morris travaille-t-il si peu pour assurer le succès de la pièce ? En plus, il est partie prenante dans l'affaire ! Vous le saviez ?

Simone fait un geste qui trahit son ignorance.

— Morris, son avocat et Gratien ont incorporé une compagnie spécifiquement pour la tournée américaine. Elle s'appelle *Fridolin Productions*. Tous trois en sont administrateurs et actionnaires. Et tous trois vont faire de l'argent advenant un succès. Alors pourquoi Morris est-il presque invisible ?

Louis soupire profondément et guide Simone vers l'entrée de la salle parce que la cloche vient de sonner.

— Depuis Toronto, dit Simone, je n'ai plus très confiance en lui. Là-bas, je l'ai trouvé ratoureux !

À évoquer l'épisode ayant entouré la première à Toronto, Simone sent une sensation familière de culpabilité l'envahir tout entière. Une sensation si forte que la jeune femme devient toute chaude, comme si elle se liquéfiait. La foule se presse autour d'eux ; Simone en profite pour saisir le bras de Louis et s'y agripper.

William Morris et sa femme assistaient à la première à Toronto. Trouvant la pièce trop faible, ils jugeaient essentiel d'engager un nouveau metteur en scène pour produire *Ti-Coq* aux États-Unis. Plus tard, quand Gratien l'avait appris, il était resté estomaqué. Son visage s'était défait comme s'il allait éclater en sanglots.

— Il faut refuser ! s'était exclamé Johnstone. Ils exigeront ensuite qu'on réduise les salaires de la troupe, les vôtres, puis notre part de profit ! Un nouveau metteur en scène ne pourrait que gâter la sauce. C'est le public qui est juge et directeur.

— À New York tout ira bien, a continué Godin. Ils auront tous à cœur le succès de cette entreprise. Nous sommes persuadés que ce sera un succès, le passé le démontre. Ce ne sera pas différent sur Broadway. Il faut foncer !

Simone avait ensuite pris la parole :

— Pour la dernière scène où tu ne te vois pas, un metteur en scène pourrait peut-être être utile? Même seulement pour quelques attitudes ou gestes…

Comme elle avait regretté ces deux phrases, pourtant si sincères! Elle fait tant de mal à son pauvre Gratien dans ces moments-là en voulant l'aider… Il lui a reproché de douter de lui comme acteur. S'il savait ce qu'elle ressent quand elle le voit en scène!

Simone est parvenue à sa rangée. Genèva, Rollande et son mari y sont déjà installés. Elle retire son bras de celui de Louis et se tourne vers lui en tentant de sourire. Elle se sent fragile, les sanglots dans la gorge. Elle aimerait qu'il s'assoie avec elle et lui tienne la main… Surprise de l'audace de sa propre pensée, elle rougit et prend une mine très sérieuse et distante.

— Je voudrais entretenir Gratien de mes craintes, prononce Louis à voix basse, mais il croit tout de suite qu'on manque de confiance en lui, qu'on doute de ses capacités.

— C'est vrai. À la moindre critique, il est à l'envers.

Après un silence, Louis poursuit, la voix étreinte par l'émotion:

— Vous devez le trouver difficile à vivre, parfois… Votre mari, je l'observe depuis longtemps. Souvent, j'ai essayé… de percer son enveloppe. Oh! il m'a parlé de son enfance. Un peu. J'ai vu ses colères, sa nervosité qui se transforme en violence verbale. Mais quand je tente d'approcher la souffrance qui est à la source, il se ferme comme une huître. Il ne veut pas m'en parler. Pire: il ne veut pas s'en parler à lui-même.

Louis laisse passer un ange. Simone n'ose pas quitter du regard le lourd rideau de scène en velours rouge. Jamais Louis ne s'est permis un commentaire aussi personnel. Elle est bouleversée par la chaleur qu'elle entend dans sa voix, par la tendresse pour elle qui transpire à travers ses mots. Elle doit résister de toutes ses forces à un intense et soudain désir de le prendre dans ses bras, de se laisser envelopper et réconforter. Elle imagine sa large main dans son dos et ses lèvres à elle dans son cou... Elle repousse ces images d'un violent effort. Elle voudrait courir à son siège, mais elle se domine, croise son regard furtivement et articule :

— Je vous laisse. Je vais m'asseoir.

Louis lui offre un clin d'œil complice et la quitte en direction des coulisses. Le sentant s'éloigner, Simone a l'impression qu'une grande froidure l'enveloppe.

༺ঔৣ༻

Il est environ quatre heures du matin, le lendemain de la première, quand le garçon d'étage monte les journaux à peine sortis des presses. Louis Morisset et Rollande trouvent les critiques et en font la lecture à voix haute, traduisant en même temps :

— Dans le *New York Times*, Brooks Atkinson parle de la fraîcheur et de l'émotion qui se dégagent du premier acte. C'est chouette, non ? Ensuite... le deuxième acte est... fade et clinquant.

— Tu es sûr ? s'exclame Gratien. Lis-moi l'anglais.

Louis s'exécute et tous constatent qu'il a bien traduit.

— Continue.

— Marie-Ange trahit Tit-Coq trop rapidement et la finale n'est due qu'à l'intervention du dramaturge. La pièce est arrangée aux dépens du personnage de Marie-Ange.

— Dans le *Herald Tribune*, Rollande? interroge Gratien nerveusement.

— Quelques scènes expriment des sentiments profonds... mais elles sont annulées par un jeu excessif et désordonné qui arrête l'action. Gélinas... n'a pas très bien réussi sa mise en scène.

— Le *World Telegram & Sun* est plutôt positif! s'exclame Louis. Beaucoup d'humanité, une première partie charmante et... sautillante.

— Et le *Daily News*, Rollande?

La sœur de Gratien fait une grimace éloquente.

— C'est surtout l'interprétation des comédiens qui est critiquée.

— Moi aussi?

— Surtout toi.

— L'important, proclame Morisset d'une voix forte, c'est qu'on parle de la pièce! Et les critiques ne sont pas noires, au contraire. Elles sont tièdes, ce qui est bien normal ici!

Planté devant la fenêtre qui surplombe l'avenue, Gratien se met à sangloter. Il semble incapable de se retenir, comme submergé par un chagrin immense. Le silence se fait dans la pièce. Tous savent qu'aucune consolation n'est possible. Gratien va pleurer jusqu'à l'épuisement. Déjà, Rollande sort le flacon d'aspirines et Morisset verse une rasade d'alcool dans un verre. Seule Genèva tente d'apaiser son fils, visiblement mortifiée par cet épanchement public. Mais comme un enfant obstiné, il la repousse et s'abandonne de plus belle à son chagrin.

∽

Quelques heures plus tard, à l'heure de l'ouverture des théâtres, Simone et Gratien se rendent au Broadhurst. Suspendue au bras de son mari, Simone voudrait bien flâner et contempler la foule qui se presse sur Broadway, mais Gratien est pressé. Deux représentations sont prévues aujourd'hui, en après-midi et en soirée. Il espère que la vente des billets va s'accélérer.

Le couple entre dans le théâtre. Quelques personnes font la queue devant le guichet. L'attention de Gratien est attirée par un avis placardé sur le tableau d'affichage. Tous deux s'approchent et lisent. Se sentant faiblir, Simone tourne les yeux vers Gratien, qui est devenu tout pâle. Cet avis annonce que *Ti-Coq* va quitter la scène le soir même, après la représentation.

Gratien pousse un énorme juron et, Simone à ses trousses, se précipite hors du théâtre pour trouver un taxi. Cinq minutes plus tard, tous deux entrent dans la chambre que partagent Morisset et Johnstone. En manches de chemise, les deux hommes travaillent à un petit bureau.

— Ils veulent arrêter la pièce! lance Gratien avec détresse. C'est affiché au théâtre!

Morisset fait répéter Gratien tandis que Johnstone tente de joindre Morris au téléphone. Peine perdue. Appelant ensuite au théâtre, Johnstone a une longue conversation avec son directeur. Raccrochant, il explique :

— Le producteur doit garantir aujourd'hui au théâtre deux semaines de représentations, quelle que soit l'assistance. Le directeur du Broadhurst a tenté de joindre Shubert tout l'avant-midi. En vain. Il dit qu'il ne peut attendre plus longtemps.

— Ken, supplie Gratien, téléphonez encore à Morris. Il va certainement répondre !

Le cœur étreint d'un sombre pressentiment, Simone s'assoit à l'écart, près du mur. Morisset fulmine et s'emporte :

— Ils font exprès de ne pas répondre ! Ils n'en veulent pas de ta pièce, Gratien ! Et tu sais pourquoi ? Parce que tu t'es réservé une trop grosse part du gâteau ! Combien, vingt-cinq pour cent des profits nets ? Mais ça ne se fait pas ici, ce n'est pas la province de Québec ! Shubert n'a pas voulu s'abaisser à accepter une telle offre, alors Morris tente de te débarquer au plus vite !

Gratien regarde son ami Louis avec de grands yeux effrayés. De toute son expression, il le supplie de se taire. Morisset jette un œil courroucé à Simone, comme pour solliciter son appui. Simone soutient bravement son regard, sans même cligner des yeux. Elle n'est pas fâchée que Gratien se fasse brasser la cage, surtout par Louis. L'inverse se produit si souvent !

— Tu croyais avoir produit un chef-d'œuvre, et que tout le monde accourrait. Mais non ! Il fallait faire de la publicité, beaucoup ! Donner plein d'entrevues ! Jouer en banlieue d'abord ! J'ai essayé douze fois de discuter de ces choses avec toi, mais c'est impossible !

— Louis, intervient fermement Johnstone, c'était à nos agents de nous guider, de nous faire comprendre les mœurs théâtrales d'ici.

— Ils ne l'ont pas fait, et pourquoi? Parce que Shubert n'a même pas signé les contrats! Ils sont trop avantageux pour nous financièrement! J'en parlais hier soir avec Rodolphe, il est de mon avis! Pourquoi pensez-vous que Morris n'a jamais voulu nous montrer les contrats signés, malgré nos demandes répétées? Parce qu'ils ne sont pas signés! Nous sommes venus sur Broadway sans contrat, sans argent!

À grandes enjambées, Morisset marche vers la penderie, saisit son chapeau et son manteau.

— Il nous reste une chose à faire: rentrer chez nous et jouer là-bas, tout le Québec attend *Tit-Coq*! Les Amerloques, on se les met là où on pense!

Il sort en claquant la porte. D'une voix blanche, le visage complètement défait, Gratien demande aussitôt:

— Vous joignez quelqu'un, Ken?

— Personne.

Gratien se lève et marche jusqu'à la fenêtre. Il est voûté comme un vieillard. En des moments pareils, quand Gratien se débat avec sa misère intérieure, comme Simone aimerait l'entourer de tendresse! Mais elle ne le peut pas. Quand Gratien souffre, il se cabre et frappe sur toutes les cibles, ou il s'effondre et devient muet. Et les timides tentatives de Simone, mots ou gestes, sont reçues avec une sorte d'indifférence.

Se tournant vers Johnstone, Gratien laisse échapper comme une plainte:

— Les comédiens étaient prêts à sacrifier leurs cachets pour un temps. Ils me l'ont dit hier soir. Moi

aussi, je veux bien! Il me semble que ça devrait suffire
à amadouer Shubert?

Doucement, Johnstone répond:

— On ne réussit même pas à les joindre. On peut
aller frapper chez eux, hurler à leur fenêtre, ils ne ré-
pondront pas. Notre seule solution, c'est de trouver
tout de suite cinquante mille dollars.

Gratien fait une grimace comme s'il allait pleurer,
puis se domine au prix d'un violent effort.

— Alors c'est la fin?

Il se tourne de nouveau vers la fenêtre. C'est
d'une voix complètement blanche qu'il murmure:

— Qu'est-ce qu'ils vont penser de moi chez
nous? Je ne peux pas rentrer. Impossible. Ils vont bien
rire de moi! Je suis parti à la conquête de l'Amérique
et regardez comment je reviens! Ils vont me regarder
comme un... comme un sombre imbécile!

Simone pense à Huguette Oligny. Quand Gratien
parle du Québec, ne voit-il pas dans sa tête le visage de
la jeune comédienne? Celle pour qui il veut être un
héros, et pour qui il se croit devenu un moins que
rien...

8

D'Exubert à Shakespeare

C'est à pas feutrés, craignant de déranger quelqu'un ou quelque chose, que Simone entre dans le studio. L'animation est grande : les techniciens courent à droite et à gauche, des assistants installent des accessoires dans un décor et le réalisateur René Delacroix, que Simone a croisé quelques fois, discute avec le producteur associé, Paul L'Anglais. En ce mois d'octobre 1952, on tourne *Tit-Coq* dans les studios du chemin de la Côte-des-Neiges.

Pour la première fois, Simone y vient seule et sans être annoncée. Elle ne peut prévoir quelle sera sa forme physique ; depuis des mois, elle est généralement essoufflée comme après une longue course. Parfois, le moindre effort fait battre son cœur à la volée et,

Gratien, Fred Barry, Amanda Alarie
et Juliette Béliveau dans une scène
du film *Tit-Coq*, tourné en 1952.

L'exubérant docteur Caïus, dans la
comédie *The Merry Wives of Windsor*,
de William Shakespeare, en 1956.

malgré les longues semaines de repos, la situation ne s'améliore pas.

Mais, ce matin, Simone se sent bien. Elle erre lentement d'un décor à l'autre, heureuse de sa tranquillité et de son anonymat. Seuls quelques comédiens la connaissent et ils semblent absents ce matin. Elle revient près du décor où l'équipe s'affaire et s'installe dans un coin sombre. C'est le salon des Désilets, décoré pour Noël. Les accessoiristes dressent la table pour le repas. Simone est bien, enveloppée par cette atmosphère à la fois fébrile et décontractée.

Pour la centième fois, Simone remercie en son for intérieur Alexandre de Sève, le propriétaire de France Film, d'avoir convaincu Gratien de se lancer dans cette aventure. Du coup, il a émergé du marasme intellectuel qui l'accablait depuis le retrait précipité de *Ti-Coq* à New York, un an et demi auparavant. Combien de fois est-il revenu de son bureau dégoûté par l'effort qu'il lui fallait déployer pour démarrer un projet d'écriture ! Il a même passé des mois à tenter de dresser le plan d'une comédie musicale se déroulant à La Tuque et racontant les amours d'un gars de chantier !

Après avoir observé les allées et venues un bon moment, Simone bâille. Elle se souvient qu'il y a un canapé dans la loge de Gratien. En même temps, peut-être y rencontrera-t-elle son mari, qu'elle n'aperçoit nulle part. Simone parcourt quelques corridors et cogne à la porte de la petite pièce qui sert de loge. Elle frappe : pas de réponse. Ce n'est pas fermé à clef. Prise d'un impérieux besoin de dormir, elle entre et se pelotonne sur le canapé, se recouvre de son manteau et s'endort.

Elle est réveillée par le bruit de la porte qui s'ouvre. Encore à moitié endormie, elle entend Gratien dire à voix basse en refermant la porte:

— Tu ne devrais pas me relancer ici, je te l'ai déjà demandé.

— Je sais, cher monsieur très raisonnable, je sais. Mais ils vont avoir besoin de moi dans deux semaines seulement, c'est trop long!

Saisie d'entendre cette jeune voix féminine, Simone ouvre de grands yeux. Elle a le visage tourné vers le dossier et ne peut rien voir. Rigoureusement immobile, elle entend des froissements de tissu puis la voix de Gratien, à la fois sévère et tendre:

— Il va falloir que tu partes. Je veux que notre amitié reste secrète, et ici...

— Mais personne ne s'étonnera de ma présence! Je suis figurante dans votre film, après tout! Et puis vous avez le temps, vous ne tournez pas ce matin...

Simone est étreinte par une violente panique. Gratien a une liaison? Et il reçoit ici la femme, dans sa loge, au moment précis où elle-même y est! Il faut qu'elle bouge, ils vont l'apercevoir d'une minute à l'autre. Soudain, une immense colère, froide et implacable, l'envahit tout entière. Sous son emprise, la bonne Simone, charitable et douce, n'existe plus.

Lentement, elle déplie ses jambes, se retourne et s'assoit. Les yeux ronds comme des billes, Gratien et la jeune femme, qu'il tient enlacée, la regardent. Leur adressant un mauvais sourire, Simone dit:

— Monsieur Gélinas, je suis venue solliciter une entrevue pour mon journal sur les rumeurs de disputes entre le réalisateur et vous. Auriez-vous quelques instants?

Gratien s'écarte vivement de la figurante, une belle fille ronde et très blonde. Sans dire un mot, il la fait sortir. Pendant ce temps, Simone se lève. Une intense chaleur parcourt tout son corps et elle lance d'une voix tremblante :

— Tu vas trop loin, Gratien. Tu penses que je suis trop molle et que je vais tout accepter? Pas cette fois-ci. C'est trop! Non seulement tu as été invivable pendant un an...

Gratien ébauche un geste de dénégation qu'elle interrompt aussitôt :

— Ne proteste pas! Après l'échec de *Ti-Coq* à New York, tu es devenu une larve, une limace! «Plus personne ne m'aime, je suis rejeté!» Et puis les colères contre moi, «tu ne comprends rien, tu es toujours fatiguée!» Soudain le film arrive, et hop! tu rebondis comme un lapin au printemps, tu retrouves tes couleurs et ton sourire, mais qui en profite? Pas moi, non, mais une greluche qui se pend après toi parce que tu es une vedette! Tu as vraiment si peu de sentiments pour moi?

À bout de souffle, au bord de la crise de nerfs, Simone s'assoit. Gratien l'imite, à distance respectable, et tente de prendre sa main. Elle se dégage aussitôt. Sans le regarder, la voix éteinte, elle dit :

— Si je n'étais pas si fatiguée, je te quitterais. Je n'en peux plus. C'est trop difficile.

— Mais je refuse que tu me laisses.

Simone regarde son mari. Elle tente de lire sur son visage ce qu'il ressent mais, comme toujours, il est impénétrable, à peine préoccupé, le front plissé, les sourcils froncés. Elle murmure :

— L'adultère est un grave péché.

Gratien garde le silence. Elle sait qu'il ne lui parlera jamais de sa vie sexuelle hors mariage. Il en est incapable. C'est le genre de sujet qui lui reste coincé dans la gorge.

— Je tiens à toi, dit-il avec sincérité. Je t'aime et le reste de ma vie n'a rien à voir avec ça.

Simone se souvient d'une conversation avec Louis Morisset et sa femme Mia. Ils parlaient d'une vedette masculine dont elle a oublié le nom et qui avait grand besoin de conquêtes féminines. Cela faisait partie de sa personnalité excessive et égocentrique. Dans les moments de création intense, toutes les formes d'énergie, y compris sexuelle, montaient en lui comme la sève au printemps. Par leurs regards en coin, Simone avait compris que Mia et Louis lui expliquaient, avec l'exemple d'un autre, les raisons de l'ardeur excessive de Gratien.

Regardant le mur devant elle, Simone murmure :

— Je te soutiens du mieux que je peux. J'ai confiance en toi, tu le sais. Tu es capable d'accomplir les plus grandes choses. Je n'ai pas d'autre choix que d'accepter ton besoin d'avoir des maîtresses. Ça fait partie de toi et je sais bien que moi-même, je ne suis pas souvent disponible.

Elle tourne les yeux vers lui et croise son regard, qu'elle retient prisonnier :

— Mais cache-les, s'il te plaît ! Je ne veux plus jamais en entendre parler, ni directement ni par quelqu'un de ton entourage. C'est trop humiliant.

Après un moment, elle ajoute :

— J'en ai su beaucoup. Une comédienne, puis une danseuse à l'époque de *Fridolinons*. Une critique dramatique à l'époque de *Tit-Coq*. Et puis Huguette Oligny.

Gratien sursaute. Elle voit, par l'éclair de souffrance qui passe sur son visage, que la comédienne occupe encore une place dans le cœur de son mari.

— Je sais que, si tu avais pu, tu en aurais fait ta maîtresse tout en me gardant pour femme. Mais tu m'aurais vraiment perdue. Même l'Église catholique n'aurait rien pu faire pour m'empêcher de te quitter.

Simone se lève. Elle tremble sur ses jambes et doit s'appuyer au bras de Gratien. Jamais elle ne lui a parlé comme ça; elle en est complètement bouleversée.

— Je veux rentrer. Reconduis-moi.

∞

Michel fait irruption dans le boudoir de sa mère.

— Ça y est, maman, ça commence!

Simone quitte le petit secrétaire devant lequel elle était assise, prend un châle et s'en couvre les épaules. Lentement, elle marche jusqu'au petit salon où tous les enfants sont rassemblés. Elle s'allonge à moitié sur le canapé et tous les regards se tournent vers le poste de télévision. En cette fin d'avril 1954, les enfants ont eu la permission de quitter le collège où ils sont pensionnaires pour assister à l'émission de leur père, *Les quat'fers en l'air*. La plupart d'entre eux ont joué dans l'émission qui est diffusée ce soir.

— Voilà Exubert! crie Pascal.

En effet, Gratien vient d'apparaître à l'écran, la lèvre barrée d'une petite moustache et les cheveux gominés. Il incarne un barbier du quartier Hochelaga-Maisonneuve. Chaque semaine depuis novembre 1953, Gratien et ses deux scripteurs (dont Louis Morisset) racontent les aventures cocasses de ce barbier et de ses amis.

Sylvie se tourne vers sa mère :

— Pas trop fatiguée, maman ?

— Je vais très bien, rassure-toi.

Le sourire que Simone adresse à sa fille est sincère. La santé de Simone s'améliore graduellement depuis l'été, alors qu'elle a subi une opération à cœur ouvert aux États-Unis. Les causes de sa faiblesse au cœur avaient été découvertes : les valvules, affectées au moment d'une fièvre rhumatismale contractée pendant son adolescence, s'affaiblissaient progressivement.

Simone soupire. Elle est venue s'asseoir ici pour faire plaisir à ses enfants, mais elle n'aime pas regarder Gratien à la télévision. Elle trouve que ce média ne lui convient pas. Il est habitué au théâtre et ses gestes et mimiques sont exagérés. Il est incapable de s'adapter. Presque toutes les semaines, il se bat avec le réalisateur et refuse de s'en laisser imposer, même s'il ne connaît rien à la télé !

Depuis l'automne, Gratien travaille d'arrache-pied ; parce que fidèle à lui-même, il écrit très lentement, peaufinant ses textes comme s'il s'agissait de pièces de théâtre ! Alors aujourd'hui, pour se donner une semaine de répit, Gratien a repris un de ses anciens sketches de *Fridolinons* et, comme il avait besoin d'enfants, il a naturellement pensé aux siens.

D'ailleurs, tout le monde rit dans le salon, voyant Pierrot coiffé d'un «casque de poil» ou Yves vêtu d'un antique habit de collégien.

Simone bâille. Plus que quelques semaines et cette émission de malheur sera chose du passé. Non pas qu'elle soit mauvaise; mais Gratien ne peut se contenter d'une honnête moyenne. Il lui faut savoir que, pour tous ceux qui l'entourent, critiques compris, il est le meilleur. Or, la popularité des *Quat'fers en l'air* est restée loin derrière celle des *Plouffe*, pour ne nommer que cette émission. Cette tiédeur exaspère Gratien qui perd alors toute motivation. *Les quat'fers en l'air* est devenu un boulet à ses pieds.

Depuis quelques semaines, Gratien manifeste un impérieux désir de revenir au théâtre, à la revue plus précisément. Il a dans ses cartons plusieurs ébauches de sketches et rêve de retrouver ainsi la flamme qui l'habitait jusqu'au moment où *Ti-Coq* s'est cogné le nez sur la porte close d'un théâtre new-yorkais.

☙

Une heure plus tard, de retour à sa chambre, Simone s'assoit à son secrétaire. Elle a envie d'écrire un mot à Gratien, qu'il trouvera sur son oreiller en rentrant. Elle est heureuse d'avoir été opérée, non seulement pour sa santé mais parce que l'amour entre son mari et elle s'est ravivé. Ouvrant un tiroir, elle en sort une lettre de Gratien, celle qu'elle chérit le plus. Elle l'a reçue alors qu'elle était en convalescence à Philadelphie pendant l'été.

Mon cher amour,

Ce matin les petits ont lu tes lettres avec joie. Pascal m'a demandé de lui indiquer la fenêtre de ta chambre sur la reproduction de l'hôtel Adelphia qui décore les enveloppes. J'ai tracé un petit cercle à l'endroit qui m'a semblé le plus logique. Et tous les autres en ont fait autant sur leur enveloppe.

Tout le monde est au travail cet avant-midi sur le terrain. Je vois d'ici Alain qui, une paire de ciseaux à gazon dans les mains, nettoie le tour de la plate-bande en face de la grande maison. En somme, les cœurs et les choses se préparent pour ton arrivée. Sylvie époussette et vadrouille en bas, Michel fait le geste large et noble du semeur avec de la graine à gazon dans ce que nous appelons pompeusement « le verger ». Pierrot fait le maître d'hôtel dans la petite maison. Il n'y a que moi qui flâne en t'écrivant.

Je t'embrasse, mon cher amour sur la bouche et sur les deux yeux et t'invite à venir passer, aussitôt que possible, quelques décennies chez nous.

Alors Simone saisit sa plume et écrit :

Mon très chéri,

Quand je pense que depuis vingt ans je suis tienne et si heureuse de l'être, je trouve que le temps a été bien court. Il est vrai que je t'ai toujours adoré et bien que je croyais à ton amour, je n'en ai jamais tant eu la preuve que dans cette maladie qui nous a tous tant fait souffrir.

Tu as été l'amour même et la chaleur de me savoir aimée a fait que je suis guérie, aussi je m'en vais en toute confiance vers l'avenir qui sera serein, encore

*plein de gloire pour toi et de fierté pour moi, à cause de
mon mari et de nos chers trésors.*

*Je veux être encore meilleure et plus compréhen-
sive, je veux t'aimer, t'aimer avec toute la tendresse dont
je suis capable, je veux mourir en t'aimant dans tes bras.*

∽

— *Fe, fe, fe, fe! ma foi, il fait fort chaud. Je m'en
vais à la cour, — la grande affaire*[1].

En lançant cette réplique, Gratien se dandine
comme le docteur Caïus, le personnage qu'il interprète
dans la comédie *The Merry Wives of Windsor*. Simone
et lui sont sur la scène du théâtre de Stratford, en
Ontario. Gratien sautille de côté et d'autre, mimant
certaines situations pour Simone, puis riant de bon
cœur de ses propres facéties. Dans quelques jours aura
lieu la première de cette pièce de Shakespeare.

Gratien est dans une forme excellente et Simone
est persuadée qu'il remportera un grand succès personnel dans ses deux rôles, puisqu'il joue également le
vieux roi Charles VI dans *Henry V*, dont la première a
lieu le soir même, en ce 18 juin 1956. Elle l'a vu répéter la veille et le matin. Il n'est ni metteur en scène ni
producteur, seulement acteur ; il a pu peaufiner son interprétation, approfondir le caractère tragique mais re-
tenu du roi, ou celui de rigolo excentrique du docteur
Caïus.

Mais cette disponibilité n'est pas la seule raison de
sa réussite. Gratien est heureux parce qu'il vient d'attirer

1. William Shakespeare, *The Merry Wives of Windsor*, acte 1, scène 4.

les foules, ce printemps, aux représentations d'une nouvelle revue: *Fridolinons 56*. Ce succès grisant le porte encore.

— Regarde comme c'est beau, dit Gratien en se retournant vers la salle. Les sièges encerclent en bonne partie la scène, on se sent vraiment au milieu du public. Et puis il y a toutes sortes d'entrées, une trappe ici, des portes sur les côtés... C'est audacieux et moderne!

— Ce serait fantastique d'avoir une telle salle à Montréal, commente Simone. Mais il n'y a même plus de théâtres, ils ont tous, ou presque, été transformés en cinémas!

Gratien fait asseoir Simone dans le fauteuil de Falstaff et lui-même s'accroupit devant elle.

— Il y a longtemps que je rêve d'ouvrir un théâtre. Tu te souviens, au début des années quarante, pendant *Fridolinons*... J'avais lancé un appel aux auteurs canadiens. Mais personne n'avait répondu. C'était beaucoup plus difficile à l'époque. Mais aujourd'hui, ne crois-tu pas que le contexte a changé?

— C'est évident.

— Tous ces auteurs que la radio ou la télévision a révélés, Marcel Dubé, Félix Leclerc, Yves Thériault, ne crois-tu pas qu'ils voudraient écrire pour la scène?

— C'est probablement leur plus cher désir. Et Gratien Gélinas, ajoute Simone en souriant, peut-être écrirait-il enfin une nouvelle pièce s'il avait un théâtre à sa disposition pendant des années.

— À ma disposition? lance Gratien en lui jetant un regard acéré. C'est stupide ce que tu dis là. Je ne veux pas un théâtre pour moi! Je veux fonder un théâtre consacré à la dramaturgie canadienne.

Simone garde le silence. Après un temps, Gratien se détourne et contemple les gradins vides.

— Il me semble que le moment est venu. J'aimerais bien prouver aux freluquets du TNM que j'ai raison.

— Pardon?

Gratien lance un bref éclat de rire.

— Tu sais que pour *Henry V*, il y a plusieurs comédiens du Théâtre du Nouveau Monde: Jean-Louis Roux, Jean Gascon et Guy Hoffmann, entre autres. Selon eux, la mission du théâtre, c'est de présenter de grandes œuvres, des classiques. Si le public trouve ça trop difficile à suivre, tant pis. Moi, je crois au contraire qu'il faut attirer le public au théâtre. Et avec quoi? Des pièces qui parlent de chacun, qui se passent chez nous. Il faut que le public se reconnaisse au théâtre. Bon sang! Il faut nous bâtir un répertoire, il me semble!

Gratien se lève d'un bond, avec l'agilité d'un homme de vingt-cinq ans.

— On rentre? Je voudrais répéter quelques répliques.

Et il lance d'une voix de stentor:

— *O diable! diable! vat is in my closet?* — *Villain larron! Rugby, my rapier*[1]!

---

1. William Shakespeare, *The Merry Wives of Windsor*, acte 1, scène 4.

La famille Gélinas au milieu des années cinquante.
En bas, de gauche à droite : Alain, Simone, Gratien
et Pascal. En haut, de gauche à droite :
Pierre, Michel, Sylvie et Yves.

Paul Hébert, Gratien et Yves Létourneau
dans une scène de *Bousille et les justes*,
lors de la création en juillet 1959.

9

Le naïf Bousille

« **V**ive les mariés ! Bon voyage ! » Les exclamations fusent tandis que la voiture transportant Sylvie et son mari s'éloigne sur le chemin. Puis la foule se disperse, retournant sous les grands peupliers, face au lac. Les tables viennent d'être enlevées et les groupes se reforment. En cette chaude journée de juillet 1959, les hommes ont enlevé leur veston et desserré leur cravate, et les femmes s'éventent avec leur chapeau.

Simone s'est installée sur une chaise longue. Elle a besoin d'un moment de calme, maintenant que le repas est terminé et que Sylvie est partie. Genèva et Rollande l'entourent. Un verre de martini à la main, Louis Morisset approche et se penche vers l'oreille de la mère de Gratien. Il fait mine de chuchoter, mais prononce d'une voix qui porte:

— Maintenant que la beuverie commence pour de vrai, croyez-vous que Gratien va sortir les caisses de Dow de la cave?

Avant que Genèva, rieuse, ait pu répondre, Rollande lance:

— Pas de danger que la brasserie fasse un cadeau pareil! C'est fini, l'époque des cadeaux: maintenant, celle des règlements de comptes est commencée!

— Ne prononcez pas ce nom devant Gratien, avertit Simone en souriant. Chaque fois, il fait une crise d'urticaire!

Morisset s'agenouille près d'elles.

— Ça avait si bien commencé, dit-il en soupirant. Un vrai conte de fées. J'invite Gratien et quelques amis à souper chez moi. Gratien nous raconte qu'il veut fonder un nouveau théâtre qu'il nommerait la Comédie Canadienne. Parmi mes invités, il y a Gilberte Poulin, secrétaire du président de la brasserie Dow. Dès le lendemain, cet honorable président téléphone à Gratien. Il avait manifesté le désir, devant sa secrétaire, de contribuer à l'édification d'un théâtre portant justement ce nom-là! C'est quand même incroyable!

— Alors la nouvelle paraît dans tous les journaux, poursuit Rollande. Dow et le gouvernement de Duplessis s'unissent pour financer l'ouverture de la Comédie Canadienne. Quelle publicité! Et aujourd'hui, Dow a le culot de s'énerver parce que Gratien ne peut rembourser les prêts rubis sur l'ongle!

— Mais qu'est-ce qu'ils pensaient, chez Dow? s'exclame Genèva. Qu'un théâtre, c'est rentable comme une entreprise de nettoyage de tapis ? Et puis, rénover un théâtre, ça coûte cher.

Personne ne le dira, pense Simone en fermant les yeux, mais Gratien a commis une grossière erreur. D'accord, il a trouvé sa salle, un ancien théâtre devenu cinéma. D'accord, il a trouvé le financement. Mais il n'a pris la peine d'additionner les coûts des rénovations qu'après l'ouverture de la Comédie Canadienne, au printemps 1958. La somme s'est révélée astronomique : plus de quatre cent mille dollars, presque entièrement obtenus par des prêts bancaires.

— Grâce à mon fils, poursuit Genèva, Montréal a enfin une salle de théâtre moderne, ouverte aux auteurs d'ici. Le Dubé qu'on a créé l'an dernier, *Un simple soldat*, c'était du grand théâtre !

— Vous avez raison, Genèva, dit Morisset d'un ton apaisant. L'important, c'est de créer. Que l'œuvre soit un succès populaire ou non, c'est secondaire. Et les lieux de création manquaient terriblement. Et puis, ces soucis financiers ont eu du bon. Gratien ne s'est-il pas dit : il faut que j'écrive une pièce à succès pour renflouer mon théâtre ?

— Pauvre lui, dit Rollande, il a assez de misère à trouver des pièces canadiennes qui ont de l'allure, il n'a pas le choix ! D'ailleurs, voici notre homme. Mon Gratien, les oreilles devaient te chauffer tellement on parlait de toi.

— J'ai l'habitude. On parle beaucoup de moi dans les conseils d'administration, ces temps-ci.

Simone ouvre les yeux. Vêtu d'un complet gris pâle, un large sourire aux lèvres, Gratien semble en très bonne forme. Les seuls signes de sa fatigue sont les cernes qu'il a sous les yeux à force de retravailler les répliques de sa pièce. Morisset se lève et prend son ami par les épaules.

— Et alors, le titre de cette nouvelle pièce? Es-tu décidé?

— Oui, juste à temps pour l'impression du programme! Ce sera *Bousille et les justes*.

— J'aime ça, décrète Louis. Ça sonne bien. Et la rédaction?

— Terminée. En fait, pas tout à fait. Il me reste quelques pages à vérifier, et aussi le premier acte...

— Vraiment? s'étonne Simone. Tu m'as dit ce matin...

— J'y ai repensé à l'église, pendant la cérémonie. Je veux réviser certaines parties.

Simone réprime un mouvement d'impatience en regardant vers le lac. Voilà des mois qu'il travaille comme un fou, vingt heures par jour! Qu'il exige le calme absolu! Puis le reflet du soleil sur les vagues lui procure une sorte d'apaisement. Il a cette pièce en lui depuis plus de dix ans, pourquoi ne pas prendre quelques jours encore?

Simone se souvient avec précision du moment où Gratien est revenu à la maison, une enveloppe sous le bras. C'était plus de deux ans auparavant, un après-midi de l'hiver 1957. Tout en cherchant du financement pour la future Comédie Canadienne, il tâchait de trouver un sujet de pièce, croyant possible d'en faire l'œuvre d'ouverture de son théâtre. Fouillant dans ses notes accumulées depuis des années, il avait déniché une enveloppe contenant la transcription d'un extrait de son journal, daté du 29 décembre 1947.

Ce jour-là, il se reposait de la rédaction de *Tit-Coq* en mangeant au restaurant. Il avait été frappé par une famille installée à la table voisine. Leur origine campagnarde était flagrante et Gratien, d'abord agacé par leur manque de savoir-vivre, s'était brusquement trouvé plongé dans son passé. Les personnages qui composaient cette famille, il les connaissait par cœur pour les avoir fréquentés, dans sa jeunesse, lors de ses séjours chez son parrain, le frère de Genèva. Et tout de suite, l'idée d'une pièce était venue à Gratien : une famille de la campagne séjourne à Montréal pour assister au procès criminel d'un de ses membres.

De retour au bureau, Gratien s'était mis à écrire ce que cette famille lui avait inspiré. Mais, alors plongé dans l'écriture de *Tit-Coq*, il avait ensuite mis ces notes dans une enveloppe qu'il avait rangée dans son classeur. Il venait de la ressortir, dix ans plus tard. Sur l'enveloppe que Gratien avait montrée à Simone, ce soir de l'hiver 1957, il avait écrit : *Ô homme de peu de foi que j'étais !* Amusée, Simone avait demandé à son mari la permission de lire, qu'il lui avait accordée sans hésiter.

Je les vois ces types d'habitants que j'ai si bien connus au cours de ma jeunesse à la campagne et que je n'aurais qu'à copier avec leur saveur tour à tour répulsive ou sympathique mais toujours humaine. Je n'aurais qu'à plonger dans mes souvenirs comme ceux des premiers dimanches du mois, etc. Je vois déjà la beauté amère qu'il y aurait à tirer de ces caractères énervés par une telle situation... Le fils peut-être, accusé d'une saloperie et coupable pour tout le monde, sa bonasse de

*mère exceptée... Les témoignages qu'on prépare à
l'aide d'une vérité où s'infiltre un beau petit parjure,
discret comme une lime dans un pain de prisonnier...
La honte rageuse des sœurs qui s'estiment déshonorées,
le mutisme inquiétant du père, la surveillance sournoise
de l'oncle qui a déposé la caution et qui a peur que l'accusé disparaisse...*

— J'ai une bonne idée, mais je n'ai pas de conflit,
avait lancé Gratien, interrompant Simone dans sa lecture. Pour qu'une pièce soit réussie, il faut que deux
forces s'opposent.

Tout de suite, une image était venue à Simone.
Gratien, jeune garçon, témoigne au procès que sa mère
a intenté pour se séparer de son père. Genèva lui demande de parler contre Mathias et Gratien doit obéir,
malgré son déchirement intérieur... N'y aurait-il pas là
un magnifique conflit ?

Simone avait ouvert la bouche pour parler, mais
les yeux fixés sur Gratien se versant un verre d'eau, elle
avait perdu tout courage. Gratien avait abordé cet épisode de sa vie une seule fois : pendant leurs fréquentations. Depuis, pour expliquer sa propension au mépris
d'autrui et sa violence verbale, il évoquait des « moments pénibles », se refusant à les détailler davantage.

Caressée par la brise qui vient du lac, sourde aux
conversations qui tournent autour d'elle, Simone regrette soudain amèrement que Gratien n'ait pas osé
s'immerger dans son passé. Il lui semble que les plus
belles œuvres de Gratien reposent là, quelque part
dans son être, dans cette partie de lui qu'il dérobe à
tous les regards.

Son conflit, Gratien l'a incarné dans le personnage de Bousille, un homme entre deux âges, peu intelligent, naïf et innocent comme un enfant. Bousille, un lointain cousin pris en charge — et exploité — par la famille Grenon, est le seul à avoir vu le fils Grenon frapper un rival et le tuer.

∞

Les comédiens sont sur scène et Gratien est assis à leurs pieds, dos à la salle. Il n'y a ni décor, ni éclairages, ni costumes. Simone a toujours été fascinée par cette étape de la création d'une pièce, quand les comédiens sortent de la salle de répétition. Sur scène, ils commencent vraiment à habiter leur rôle, à enrober de chair les mots qu'ils se mettent en bouche depuis des semaines.

La troupe répète une scène de *Bousille et les justes*, celle où le frère Nolasque vient réconforter la mère. Il reste une semaine avant la première annoncée pour le 17 août 1959. Fidèle à son habitude, Gratien a fait tracer des carreaux numérotés sur le sol. Il indique ainsi ses mouvements de scène : « Tu te précipites à B3 ! Tu recules à E6 ! » Simone sait que le milieu artistique se moque de cette manie qui trahit le besoin de Gratien de contrôler la prestation des acteurs dans ses moindres détails.

C'est une scène très drôle que celle où Nolasque, tout jeune religieux onctueux et rempli de zèle, déverse ses bonnes paroles sur la mère secouée par l'épreuve. Pour ce personnage, Gratien a engagé Gilles Latulippe, un comédien amateur que Simone a vu à plusieurs reprises sur scène. Simone a entendu dire par son fils Yves que Gratien ne ménageait pas Latulippe. Elle en a la preuve à l'instant. Latulippe, les mains jointes, lance sa réplique :

— *Dimanche dernier justement, le révérend Père Aumônier nous rappelait le bel exemple de résignation évangélique de saint Agésilas de Corinthe...*

Gratien le reprend, la voix et le geste impatients :

— Mais comment tu dis ça, il me semble que je n'arrête pas de te reprendre ici ! Écoute encore.

Gratien répète la réplique en roulant exagérément les *r* et en articulant comme un enfant qui répète sa leçon. Stoïque, Latulippe l'imite.

— Voilà. À toi, Juliette.

Assise sur une chaise, tenant une débarbouillette imaginaire sur son front, Juliette Huot dit sa réplique :

— *Qu'est-ce qu'il a fait encore, celui-là ?*

Latulippe poursuit :

— *Sans se plaindre une seule fois, il a croupi pendant trente-sept ans dans un cachot humide pour avoir enfin la consolation suprême de décrocher la palme du martyre en étant décapité[1].*

— Holà ! s'écrie Gratien. Où te crois-tu, dans une saynète pour enfants ? Il me semble que mon exemple était clair ?

Simone cache à moitié son visage derrière sa main. À ce moment précis, elle a honte d'être la femme de Gratien, presque honte de l'aimer alors qu'il rabroue un pauvre jeune comédien. Latulippe jouait à

---

1. Gratien Gélinas, *Bousille et les justes*, Institut littéraire du Québec, 1960, p. 58.

La Roulotte, un théâtre ambulant pour enfants. Du très bon théâtre, il n'y a pas de quoi se moquer!

— On a faim! lance soudain le comédien Yves Létourneau, jaillissant de la coulisse. Gratien, il est presque deux heures!

— Une dernière fois, décrète Gratien. Gilles, je veux entendre ta réplique une dernière fois!

∽

La sonnette de la porte d'entrée retentit et Simone se précipite pour ouvrir. C'est Louis Morisset, un journal sous le bras.

— Venez, dit Simone, Gratien est encore en train de déjeuner.

Il est presque midi; la première de *Bousille et les justes* a eu lieu la veille et c'est Louis qui apporte la première critique, celle de *La Presse*. Michel est assis avec son père; Yves écoute de la musique au sous-sol. Les autres enfants, pensionnaires au collège, ne viendront que plus tard dans l'après-midi. Sans sourire, le front barré d'un grand pli, Gratien lance à son ami:

— Et alors?

Morisset s'assoit et sourit à la ronde:

— Bon matin, tout le monde! Ça va, Michel?

— Louis! tonne Gratien. Cesse de me faire attendre!

Imperturbable, Morisset ouvre le journal.

— Je n'ai rien lu encore, fait-il remarquer en tournant les pages. Mais d'habitude, Béraud est assez élogieux.

— On ne sait jamais, réplique Michel. Hier soir, la fin tragique a visiblement surpris une grande partie du public.

— Pourquoi faudrait-il séparer le comique du tragique? s'emporte Gratien, donnant un coup de poing sur la table. Ce serait artificiel! Souvent, les fous rires naissent aux moments les plus graves!

— Tu n'as pas besoin de nous convaincre, répond placidement Morisset. Laisse-moi lire un moment.

Le silence tombe et Simone prépare nerveusement du café. Elle a la bouche sèche et avale à plusieurs reprises. Elle déteste ce moment. Elle voudrait que les critiques n'aient jamais été inventées.

— Alors je résume, dit Morisset. Aux deux premiers actes, l'auteur s'amuse à nous faire connaître les divers personnages. On se retrouve avec le Fridolin des revues. Le troisième acte est un tableau de cruauté sadique comme on nous en a décrit au temps où le nazisme florissait. C'est un acte formidable joué par un trio formidable. Le quatrième acte est une fin pitoyable, accablante, qui est dans la logique impitoyable du thème. Et maintenant je cite: «Gélinas a écrit une pièce qui ne ressemble à aucune autre, ce qui est déjà d'un mérite exceptionnel, et il a composé un ensemble de scènes dont se dégage, après le remue-ménage comique des deux premiers actes, une impression de grandeur tragique à laquelle on ne peut rester insensible.» Finalement, il reproche un manque de projection...

— Chez moi aussi? interrompt Gratien.

— Oui. C'est somme toute une bonne critique. Écoute: «C'est la satire la plus dure, la plus impitoyable qui se puisse écrire sur une certaine société bien-pensante, sur ses credos sans conviction profonde, sa morale à fleur de peau, son jeu puéril de prières à tout guérir [1].»

— Tenez, Louis, dit Simone en posant un café devant lui.

Elle lui sourit. Grâce à Louis, il n'y aura pas d'orage. Du moins, jusqu'à la prochaine critique.

∞

Les dernières notes de l'opéra *Cosi fan tutte* s'éteignent et Gratien, qui écoutait affalé dans un fauteuil, la tête renversée sur le dossier, soupire d'aise. Allongée sur le canapé, un livre à la main, Simone sourit en le regardant. C'est la première fois depuis des mois qu'il se permet quelques heures de détente pour écouter Mozart, son compositeur préféré.

Le téléphone sonne et Gratien se dresse comme un général réveillé par le son du clairon. Tandis qu'il sort de la pièce à grands pas, Simone s'assoit, envahie par un sentiment de déception. Elle refuse que le monde extérieur vienne déranger leur quiétude. Ils ont besoin de silence tous les deux, de ces pauses qui font diminuer la tension qui habite Gratien continuellement ces temps-ci. Des pauses comme la nuit d'il y a quelques jours. Ils se sont aimés, et comme c'était bon…

En ce vendredi après-midi de la mi-février 1960, un froid glacial enveloppe Montréal, accompagné par un soleil radieux. Simone imagine le paysage splendide d'Oka.

1. Jean Béraud, *La Presse*, 18 août 1959.

Ils n'y ont passé que deux jours depuis novembre. Gratien est trop occupé avec les représentations de *Bousille et les justes* et la création à la Comédie Canadienne de deux nouvelles pièces d'auteurs canadiens.

Gratien entre et, à voir son visage, Simone comprend que les nouvelles ne sont pas bonnes.

— C'était Dagenais. Il voulait me soumettre une idée pour la mise en scène, une idée qu'il trouvait géniale. Mais moi, je crois qu'elle n'a pas de bon sens!

— Quoi donc? demande Simone.

— Je ne peux pas t'expliquer, un mouvement de comédiens qui aurait complètement dérouté les spectateurs. Grand Dieu, comme c'est compliqué d'accompagner le travail des metteurs en scène! J'ai l'impression qu'il faut que je les contrôle comme des enfants prêts à faire des mauvais coups!

Simone ne répond pas. Elle est lasse de ces tensions entre Gratien et ceux qui travaillent avec lui, des tensions provoquées par la propension de Gratien à dénigrer les idées des autres, à vouloir qu'ils agissent et créent comme lui le ferait. Elle s'étonne souvent qu'il ne change pas avec l'âge, qu'il ne réalise pas à quel point il brime les forces vives des gens qui l'entourent.

— Je ne t'ai pas raconté, dit-elle gaiement pendant qu'il s'assoit. J'ai entendu un concert merveilleux l'autre soir. Tu sais, celui où tu n'as pas voulu venir? Il y avait une réception après et j'aurais bien aimé y aller. Alors je me suis dis que ce soir, on pourrait peut-être inviter Louis et Mia…

— Ce soir? interrompt Gratien vivement. Mais c'est la générale de la *Revue bleu et or*! Tu n'y penses pas? Tu voudrais voir des amis ce soir?

Inquiète, Simone baisse les yeux sur son livre. La voix de Gratien a pris ce ton cassant qui annonce une décharge de colère. Elle parle encore trop, pense-t-elle avec désespoir. Surtout quand elle ne dit pas comme lui. Elle sent un certain affolement la gagner. Elle n'a plus la force de subir. Chaque fois, elle en sort épuisée. Pourquoi Gratien ne peut-il pas comprendre ?

∞

Une demi-heure plus tard, elle est dans sa chambre, assise à son secrétaire. Les phrases dures de Gratien résonnent encore à ses oreilles. D'un tiroir, elle sort un petit calepin gris et l'ouvre. Avec un crayon à mine, elle écrit. Son écriture précipitée est malhabile et la mine du crayon trop pâle. Qu'importe : elle écrit pour ne pas pleurer, pour que son cœur ne batte pas à tout rompre.

J'avais osé exprimer le désir de voir des amis. Je suis donc bien mère dénaturée d'avoir un tel désir alors que mon fils et mon gendre vont présenter leur revue mardi.

Gratien m'a affirmé que je suis responsable de sa fatigue pour les trois quarts. Comment donc se débrouiller là-dedans. Il y a le suicide ? Pas question. Ne jamais se plaindre. Ne jamais demander. Je l'ai fait longtemps. Je crois qu'il faut que je parte pour quelque temps aussitôt que ce sera possible. En tout cas je vais voir le psychologue avant la fin de la semaine. J'ai trop mal à l'âme ! Si je dis ce que j'ai sur le cœur, il me trouve méchante. Si je ne dis rien, je suis ennuyeuse et

Dieu sait que je ne voudrais lui nuire pour rien au monde! Seigneur venez à mon aide, hâtez-vous de me secourir!

☜

L'automobile file sur la route entre Ottawa et Oka. Yves est au volant, Gratien à côté et Simone derrière, bien calée par des oreillers. Tous trois rentrent d'une représentation de *Bousille* donnée en matinée dans la Ville reine. C'est le printemps : la rivière des Outaouais est en pleine débâcle, charriant des morceaux de glace et des branches d'arbre.

Gratien est volubile : il leur raconte l'entretien qu'il a eu au téléphone avec le critique du journal local au sujet de la fin de la pièce.

— Le critique me disait qu'il n'était pas convaincu par la fin, Bousille qui meurt sur scène. Alors je lui ai expliqué mes arguments, que, selon moi, sa mort s'inscrivait dans la logique de sa personnalité, son cœur faible, ses croyances religieuses, et qu'il fallait qu'il meure pour que la famille Grenon soit accablée...

La voix de Gratien meurt. Simone ne voit pas son visage, à peine une petite partie de son profil, mais elle sent qu'il réfléchit intensément. Après un moment, Gratien poursuit :

— C'est vrai qu'en mourant ainsi il disparaît sans inquiéter personne...

Autre silence. Par l'entremise du rétroviseur, Simone et Yves échangent un regard.

— Pendant que j'écrivais, j'avais pensé à une autre fin. Bousille se pendait.

Gratien s'interrompt de nouveau et Yves s'écrie :
— Un suicide ! Bousille se suiciderait ! Tu imagines le scandale qui rejaillirait sur la famille ?
— Il ne serait pas obligé de mourir sur scène ! Il pourrait se pendre chez lui, à Saint-Tite ! Ça m'éviterait une scène difficile à jouer.

Simone est devenue toute raide sur son siège. Elle respire par saccades, comme si quelqu'un lui serrait le thorax. Le suicide ? Elle y a tant pensé pendant quelques semaines cet hiver ! Ce mot signifiait le repos, la fin de toutes les tensions et de toutes les humiliations...

Au fil des jours, le goût de vivre est revenu, comme une pulsation de plus en plus profonde. Elle a décidé de vivre sa vie de femme chrétienne aussi pleinement et parfaitement que possible, en aimant ses enfants comme elle le doit et son mari comme elle aime Dieu. Dieu ne l'a-t-il pas aimée même quand elle s'en souciait peu ? Il faut que son cœur fasse ce qu'il doit jusqu'à ce qu'il cesse de battre, qu'il donne sans jamais penser à ce qui lui manque.

— Je vois déjà la fin, s'enthousiasme Gratien. Tout le monde est content et ils se préparent à partir pour Saint-Tite. Le téléphone sonne. Quelqu'un leur annonce qu'on vient de trouver Bousille pendu. Où est-ce qu'on joue demain ?
— À Montmagny.
— Je vais réécrire la scène ce soir. Elle sera courte : les comédiens auront le temps de l'apprendre. Tu as du papier, Yves ?

Pierre Gravel et son fils André, les protagonistes principaux de la pièce *Hier, les enfants dansaient*, interprétés par Yves Létourneau et Yves Gélinas en 1966.

10

Les lésions du cœur

L es lumières se rallument. En ce 15 février 1964, c'est l'entracte de la première du *Diable à quatre*, la toute nouvelle revue de Gratien. Tandis que les conversations reprennent et que les gens se lèvent, Simone observe le public. Il se compose surtout de gens d'un certain âge. Sont-ils, comme elle, nostalgiques du succès des *Fridolinons* pendant les années de guerre? Pensent-ils aux meilleurs sketches et au jeune Fridolin coiffé de sa casquette, récitant d'une manière enfantine ses monologues? La revue est drôle, d'accord. Certains numéros frappent juste, mettant en relief des travers bien québécois. Mais… Simone est envahie d'un vague ennui.

— Qu'en penses-tu? demande Rollande. En tout cas, par rapport à l'avant-première d'hier, c'est nettement mieux. La progression des numéros est beaucoup plus logique. Et le monte-charge a fonctionné sans anicroche !

Rollande ne peut retenir un fou rire. La revue s'ouvre avec Gratien qui jaillit d'une trappe sur scène, poussé par un monte-charge. Ce dernier, la veille, s'est coincé au beau milieu de l'ascension, de sorte que Gratien a dû grimper sur scène. Quelle tempête ses collaborateurs ont-ils essuyée après la représentation !

— Oui, c'est mieux, répond Simone. Les gens dans la salle ont l'air d'avoir beaucoup apprécié.

— Mais toi ? insiste Rollande.

Simone hésite. Mais pourquoi ne pas lui dire ce qu'elle pense ? Combien de fois, au cours de sa vie, a-t-elle gardé ses pensées pour elle, par crainte de faire du tort à Gratien...

— Je trouve ça étrange. Dans le contexte du théâtre actuel... ça fait vieux, il me semble.

— Dépassé, tu veux dire. Quand on voit ça, on ne peut s'empêcher de penser — Rollande baisse la voix — que Gratien n'est plus de son temps.

Rollande guette une réaction offensée de Simone, qui ne vient pas. Alors la sœur de Gratien reprend :

— Quand on pense à tout ce qui se crée autour de nous à Montréal, du Jacques Languirand, du Françoise Loranger, du Marcel Dubé, et toutes les pièces expérimentales montées par les troupes de jeunes... Gratien ne peut pas renouveler son public avec un spectacle comme *Le diable à quatre*. Son succès du début va s'épuiser vite.

— Renouveler son public ? répète Simone. Tu veux dire changer de style ?

— Tu sais, j'ai beaucoup d'admiration pour ce que Gratien a fait. Non seulement ses revues et ses pièces, mais d'avoir permis l'ouverture d'un nouveau théâtre qui met à l'affiche des créations québécoises, c'est énorme. Seulement, mon cher frère devra bien se rendre compte que les vieux préfèrent la télévision et que les jeunes, tous ceux qui ont vingt ans aujourd'hui, veulent autre chose.

— De toute façon, soupire Simone, il me semble qu'il pourrait se reposer un peu. Il en a déjà fait beaucoup, non ? Juste se reposer.

☙

— Et alors ? demande Pascal à son père, alors qu'eux deux et Simone sont assis devant la cheminée. Au téléphone l'autre jour, tu me parlais d'une idée que tu as eue... Mais il y avait pas mal de bruit autour de moi, alors je n'ai pas très bien compris.

— C'est une anecdote dont j'ai entendu parler qui m'a donné l'envie d'écrire une pièce pour les jeunes. Un homme est devenu ministre tandis que sa fille travaillait pour le parti adverse. Alors j'ai pensé au séparatisme. Les jeunes veulent refaire le monde mais, pour ça, ils remettent en question les valeurs que leur ont transmises leurs parents.

— Wow ! Une pièce sur le FLQ ! Avec les attentats à la bombe et tout ça ?

— Pas vraiment, réplique Gratien nerveusement. Je voyais plutôt un conflit entre un père et son fils. Quelque chose comme *La maison divisée*. L'autre jour, on a publié dans le journal le compte rendu d'une conférence que le sociologue Marcel Rioux a donnée à l'université. Ce que dit Rioux, en substance, c'est que dans notre société post-industrielle, le mode conflictuel prédominant n'émergera plus avant tout des inégalités économiques, mais plutôt des différences d'âge. Ça rejoint entièrement le propos de ma pièce! Il y a cent ans, les ouvriers ont commencé à lutter, par le biais des syndicats et des partis de gauche, pour acquérir un meilleur statut social. Il y a dix ans, les femmes s'y sont mises à leur tour. Aujourd'hui, la troisième révolution sociale, ce sera celle des jeunes. Voilà ce que je veux montrer dans ma pièce! Le fils est séparatiste et trempe dans les activités du FLQ. Le père est un politicien qui veut se faire élire à Ottawa ou quelque chose comme ça.

— Qui va gagner? demande Simone paresseusement.

— Personne!

Le ton de Gratien monte: d'un geste dérisoire de protection, Simone appuie son livre ouvert sur sa poitrine.

— Ce sera une tragédie: tous deux seront victimes parce que chacun des deux aime l'autre! Aucun des deux ne gagnera mais aucun des deux, non plus, ne voudra trahir son idéal.

— Une tragédie? répète Pascal avec une moue dubitative. Tu crois que l'époque est à l'écriture de tragédies?

Puis le jeune homme se met à rire:

— Tu imagines, maman? Une tragédie en vers sur le séparatisme!

Gratien donne un fort coup de poing sur l'accoudoir de bois du canapé.

— Mais qu'est-ce que vous avez tous les deux ? Vous voulez me décourager ou quoi ? Je ne sais pas ce qui me prend, aussi, de partager mes idées ! Chaque fois, les gens se sentent obligés de me convaincre que je suis un imbécile !

Simone sait qu'elle devrait se taire, mais elle déteste sa façon d'exagérer. Et puis, Pascal vient si peu souvent les voir à Oka depuis que Gratien et elle y ont emménagé à demeure !

— Chéri, calme-toi...

— Me calmer ? Tu en as de bonnes ! Aucun de vous deux ne sait ce que j'endure pour écrire. Alors quand je réussis à allumer ma petite bougie, vous pourriez au moins ne pas souffler sur la flamme ! Il faudrait que je vive seul. Seul comme un moine sur une île déserte ! Sans personne autour de moi pour me fatiguer !

Simone se mord les lèvres. Elle fatigue son mari ? Alors qu'elle surveille constamment ses paroles et ses gestes, et qu'elle fait mille fois plus attention à lui qu'à elle-même ! Comme il est injuste ! Comment les enfants peuvent-ils croire à son amour pour elle quand il agit de la sorte ? Simone ne peut retenir les larmes qui se mettent à couler, abondantes, sur ses joues.

Le lendemain, Simone trouve une lettre de Gratien sur son secrétaire.

Ma chère Simone,

Je vais essayer de t'écrire ici ce que je ne sais pas te dire. Depuis quelques années, j'ai essayé d'adoucir mon caractère et je crois y avoir réussi dans une bonne mesure, même s'il m'échappe encore des impatiences ou des expressions que je regrette. Personne — pas même toi — ne sait les efforts que je fais pour échapper à ma nature, qui est bouillante et souvent détestable. De ton côté, tu deviens de plus en plus susceptible, de sorte que, loin de faire des progrès, nous donnons l'impression de nous éloigner l'un de l'autre. Où aboutirons-nous ?

À toi comme aux enfants, j'ai expliqué, en toute humilité, pourquoi je suis comme ça, qu'il y avait à ça des raisons profondes qui me dépassaient, raisons qui ne me dispensent pas cependant de me corriger, au contraire. Et j'ai l'impression, en mon âme et conscience, d'avoir fait des efforts méritoires pour y arriver. Que puis-je faire de plus ?

Les enfants, devant qui tu es si susceptible, savent que je t'aime et que je t'estime profondément. Rien ne leur permet d'en douter. Je leur ai, d'autre part, expliqué à chacun d'eux le pourquoi de mon mauvais caractère, le regret que j'avais de ne pas être plus souple et les efforts que je me sentais tenu de faire pour y arriver. Comment dans ces conditions pourraient-ils croire que je te déteste et que je t'humilie quand il m'échappe malgré moi un mot plus haut que l'autre à ton endroit ?

∽

Simone ouvre la porte du bureau de Gratien et une odeur de papier lui parvient immédiatement, de papier et d'encre. Soulignées par le soleil bas de novembre, les poussières dansent dans l'air. Tout de suite Simone ramasse des assiettes, des tasses et du linge qui traînent par terre. Gratien est parti à Ottawa pour une rencontre au sujet de la Comédie Canadienne. Comme il refuse qu'une femme de ménage entre dans son bureau pendant qu'il rédige, Simone en profite pour ranger un peu.

Lorsqu'elle s'approche du bureau, elle remarque une nouvelle phrase que Gratien a épinglée sur le tableau qu'il a sous les yeux quand il écrit. Elle est datée du 9 novembre 1965, quelques jours auparavant : *Je n'ai pas encore* mérité *l'état de grâce.* Et à côté : *Passer ce qui résiste ! Passer ce qui résiste ! Passer ce qui résiste ! Avoir le courage de faire un premier jet banal. Avoir le courage de faire un premier jet banal. Avoir le courage de faire un premier jet banal.*

Simone sourit, mélancolique. À cinquante-six ans, il trouve aussi difficile d'écrire que lorsqu'il en avait trente de moins ! Chaque soir, il lui parle de ses progrès, cherchant sur son visage une approbation qu'elle tente vaillamment de lui prodiguer. Ces doutes constants sur lui-même cesseront-ils un jour ?

Simone s'assoit lentement à la place de Gratien. Elle est saisie par une étrange émotion devant le chemin qu'ils ont parcouru ensemble, toutes les idées qu'il lui a communiquées, les phrases qu'il a prononcées devant elle, les impatiences devant ces personnages qui se cachent trop longtemps derrière leur auteur… Elle voit leur procession, Fridolin à la radio puis sur scène, Tit-Coq, puis Bousille et tous ceux qui les ont accompagnés. Ceux qui viendront dans quelques mois, Pierre Gravel et son fils André, trouveront-ils une place aussi confortable dans le cœur des gens du Québec ?

༄

Allongée sur le canapé, Simone regarde dehors avec l'envie de casser les fenêtres pour que l'air frais de ce mois d'avril 1966 balaie toutes les humeurs noires contenues dans la maison. Gratien est assis à la table devant les restes du déjeuner. Il fixe un point, le visage morose. Il rumine toutes les critiques qui ont ponctué la première, trois jours auparavant, de *Hier, les enfants dansaient.* Quand il parle, c'est pour revenir sur un point particulier ou pour tempêter contre ces satanés critiques qui s'en fichent de démolir le travail d'un créateur.

Pour la première fois, les mauvaises critiques l'emportent sur les bonnes. Jean Béraud, critique de *La Presse* et ami de Gratien, a pris sa retraite. Le jeune qui le remplace note plusieurs problèmes : une hésitation entre le comique et le dramatique (qui rend drôle ce qui devrait être grave), une deuxième partie en forme de joute oratoire et le jeu de certains comédiens, dont Yves, très faible. De son côté, le critique du *Devoir* écrit, et c'est la phrase qui a le plus impressionné Simone : «le cœur ne participe pas à la démonstration ni chez le fils, ni chez le père[1]».

Gratien est à la fois anéanti et révolté devant la somme de travail qu'il a dû mettre et le résultat, des critiques tièdes et un public qui se fait moins nombreux... Simone ne le dira pas à Gratien, mais elle comprend entièrement ce qui se passe. Les jeunes que Gratien voulait attirer préfèrent des formes théâtrales plus audacieuses. Le public traditionnel de Gratien, quant à lui, hésite devant cette pièce sérieuse qui se passe dans un milieu bourgeois — on murmure même dans la colonie

1. Jean Basile, *Le Devoir*, 12 avril 1966.

artistique que Gratien s'est fortement inspiré de la dernière œuvre de Marcel Dubé, un grand succès populaire. Le téléphone sonne et Gratien saute sur le combiné. Après quelques instants de conversation, il crie à Simone :

— C'est Louis! Prend le téléphone!

Simone saisit l'appareil posé à côté d'elle.

— Bonjour, Simone! Écoutez, tous les deux, j'ai devant moi une critique qui devrait vous réchauffer le cœur. Gratien, c'est celle de ton vieil ami Rudel-Tessier, dans le *Photo-Journal*. Il écrit : «Gratien Gélinas, d'un bond, s'est hissé de nouveau sur le socle où nous l'avions installé au lendemain de sa première revue.» Et plus loin : «Gélinas a écrit une pièce admirablement composée, où le cheminement de l'histoire est exemplaire, sur une ligne jalonnée de rebondissements proprement dramatiques. Et il a écrit un drame actuel[1]...»

Simone n'écoute plus, elle regarde le visage de Gratien qui s'est illuminé. Une forte émotion la submerge et elle laisse les larmes couler sur ses joues. Ses forces s'épuisent si vite quand il s'agit d'accompagner Gratien jusqu'au bout de ses moments difficiles!

∽

— Ça va comme ça? demande Gratien en tendant à Simone un grand verre de limonade. Je t'ai rajouté un peu de jus d'orange et de la glace.

---

1. Rudel-Tessier, «Gélinas nous donne une œuvre forte, exemplaire», *Photo-Journal*, 16 avril 1966.

— C'est parfait, merci, répond Simone en souriant.

Gratien a un mouvement pour aller rejoindre ses enfants et petits-enfants qui s'ébattent dans le lac, mais il se ravise et s'assoit à côté de Simone, sous les arbres près de la maison. D'abord envahie par l'angoisse, Simone se détend progressivement. Gratien est d'une bonne humeur relative aujourd'hui. Depuis leur retour d'Europe, quelques semaines auparavant, il traîne un mal de vivre évident. Il lui a confié avoir un goût de cendres dans la bouche depuis l'insuccès de *Hier, les enfants dansaient*, quatre mois auparavant.

— J'aurais tellement de raisons d'être heureux, dit soudain Gratien.

Saisie, Simone le regarde. Il a une expression intense de regret sur le visage.

— Tu supportes ta maladie avec tant de bonne grâce et d'élégance… Quant aux enfants, ils sont tellement…

Gratien se redresse et offre à Simone un pauvre sourire.

— Tellement pleins de vie et de chaleur humaine. Pourtant, si tu savais comment je me sens… Je suis sur le quai de la gare et j'attends un train. Viendra-t-il? Et où m'emportera-t-il? Et tandis que j'attends, je me demande s'il vaut vraiment la peine que je vive. Tout me semble inutile, vain, stupide — ou trop difficile.

Simone se mord les lèvres, retenant une envie de hurler. Pourtant, après un moment, c'est d'une voix douce et posée qu'elle répond:

— Ce n'est pas la première fois que ça t'arrive. Après New York, tu as cru la même chose. C'est parce que tu ne sais plus quoi faire. Pourtant, tu pourrais en profiter pour te détendre vraiment. Tu finis toujours par trouver un projet intéressant...

De la grève, Pascal appelle son père. Gratien ébauche un geste d'excuse et quitte Simone. Elle penche la tête en arrière et contemple la couronne des arbres, toute verte sur le fond de ciel bleu. Il lui reste si peu de temps à vivre, quelques années peut-être ? Alors elle veut trouver du bonheur dans chaque instant.

∽

Simone regarde autour d'elle avec avidité. Elle ne verra plus sa maison. Dans quelques heures, elle s'installera à l'hôpital et elle est persuadée qu'elle n'en sortira que pour son dernier repos. Gratien est assis non loin d'elle, désœuvré. Ils ont à peine échangé quelques paroles depuis le matin et Simone voit que son mari cherche désespérément quelque chose à dire. Gentiment, elle l'aide :

— As-tu finalement décidé de jouer Pierre Gravel ?

— Oui, répond Gratien avec un bonheur évident. Ce serait du suicide de laisser partir la pièce sans moi. D'ailleurs, j'aurais dû le jouer dès le début. Les gens sont habitués de me voir sur scène... C'est drôle, hein ? Cet été, je croyais la carrière de *Hier, les enfants dansaient* finie à tout jamais. Voilà maintenant que la pièce rebondit... mais en anglais.

— Tu te souviens de l'accueil de *Ti-Coq* à Toronto ? Le Canada anglais t'aime beaucoup. Et qui va jouer Louise Gravel ?

Gratien reste figé.

— Je n'y ai pas pensé encore...

— Menteur, murmure Simone.

Plus fort:

— Tu devrais engager Huguette Oligny, c'est une excellente comédienne. Et puis elle vient de divorcer...

Du regard, Gratien supplie Simone de ne pas s'engager sur ce terrain-là. Simone lui sourit pour le rassurer. Depuis quelques semaines, une paix bienfaisante est descendue en elle. Pourtant, deux mois plus tôt à peine, n'a-t-elle pas voulu quitter Gratien après avoir découvert une lettre d'amour d'une maîtresse? Comme cet épisode lui semble lointain aujourd'hui... et comme elle a maintenant pitié de cette jeune femme, Joan. Sa lettre était belle, très lucide, et en même temps pathétique...

— Je voudrais marcher dehors, Gratien.

Il fait froid, le vent souffle les dernières feuilles mortes, mais Simone n'en a cure. Elle aspire à pleins poumons, pour la dernière fois dressée comme un arbre. Après, à l'hôpital, elle se reposera. Oh oui! Elle se reposera.

Postface

Simone Gélinas s'éteint le 27 février 1967, à l'âge de cinquante-six ans. Quelques semaines plus tard, Gratien engage Huguette Oligny pour jouer dans *Yesterday, the Children Were Dancing* lors de sa création à Charlottetown, à l'Île-du-Prince-Édouard, le 5 juillet. Leur relation amoureuse se ravive en l'espace de quelques semaines. C'est une période joyeuse pour Gratien : non seulement il tient enfin dans ses bras la femme qu'il désire depuis si longtemps, mais *Yesterday...* remporte un bon succès d'estime auprès des critiques et du public anglophone.

Toutefois, le succès de la pièce est de courte durée et Gratien se retrouve devant un avenir incertain. Il n'a plus, croit-il, l'amour inconditionnel du public. Il écrit dans son journal :

J'ai l'impression de ne plus être de mon temps au théâtre. Un public de plus en plus restreint, jeune, snob ou faisandé — ou tout cela à la fois — forme l'opinion publique au théâtre. Quand on n'a pas les jeunes au théâtre de nos jours on ne va pas bien loin, car l'autre public de plus en plus reste dans ses pantoufles à la maison à regarder la télé.

Gratien n'a donc plus le courage d'écrire. Par ailleurs, sa fonction de directeur de la Comédie Canadienne devient trop lourde : le théâtre, criblé de dettes, est racheté en 1970 par le Théâtre du Nouveau

Monde. Amer, Gratien quitte le milieu théâtral pour devenir président de la SDICC (actuellement Téléfilm Canada, l'organisme qui subventionne l'industrie cinématographique canadienne). D'abord honorifique, ce poste devient une passion pour Gratien.

Dix ans plus tard, en préparant les manuscrits de ses revues *Fridolinons* pour publication, il retrouve l'envie d'écrire une pièce. Il est également motivé par le désir de retenir Huguette Oligny près de lui... Leur union a été houleuse, ponctuée de colères et de mésententes qui duraient parfois plusieurs jours. Gratien en vient même à regretter intensément la présence de la douce Simone, qu'il se reproche alors d'avoir mal aimée. Mais Gratien déteste les ruptures et il ne peut se résoudre à laisser Huguette partir.

Pour la garder près de lui, même si elle a quitté le domicile conjugal, il écrit une pièce, sa quatrième et dernière. *La passion de Narcisse Mondoux*, à deux personnages, est créée en 1986. C'est une comédie plutôt burlesque racontant les amours d'un maître plombier et de la veuve qu'il courtise. Gratien et Huguette la jouent pendant plusieurs années. En même temps, le Québec redécouvre le Gratien célèbre des années de guerre : deux productions contenant les meilleurs sketches de la série *Fridolinons* sont montées, avec un grand succès public.

La fin des années 1980 signifie pour Gratien le commencement du déclin. Il perd la mémoire et devient apathique. Après un lent repli sur lui-même s'étalant sur une dizaine d'années, Gratien Gélinas meurt en mars 1999, à l'âge de quatre-vingt-neuf ans.

Gratien (dans le rôle de Pierre Gravel), Yves Gélinas et
Huguette Oligny lors de la création de *Yesterday,
the Children Were Dancing*, durant l'été de 1966.

Lors d'un événement public, en 1988.

Chronologie
Gratien Gélinas
(1909-1999)

Établie par Michèle Vanasse

GRATIEN GÉLINAS ET SON MILIEU

LE CANADA ET LE MONDE

1909
Naissance de Gratien Gélinas, fils de Mathias Gélinas et de Genèva Davidson, à Saint-Tite, en Mauricie. La famille déménage à Montréal l'année suivante.

Naissance de Gabrielle Roy à Saint-Boniface, Manitoba.

1909
Crise dans les Balkans : la Russie, qui soutient la Serbie, accepte l'annexion de la Bosnie-Herzégovine par l'Autriche, contre son gré.

L'Américain Robert Edwin Peary est le premier explorateur à atteindre le pôle Nord.

1911
Naissance de Rollande, sœur de Gratien.

1911
Le navigateur norvégien Roald Amundsen atteint le pôle Sud.

1914
Publication du roman de Louis Hémon, *Maria Chapdelaine*, dans *Le Temps* de Paris.

1914
Première Guerre mondiale : d'un côté, l'Autriche et l'Allemagne ; de l'autre, la Russie, la France et la Grande-Bretagne.

**GRATIEN GÉLINAS
ET SON MILIEU**

LE CANADA ET LE MONDE

Naissance de Félix Leclerc à La Tuque (Québec).

Canada : participation à la guerre ; le parlement d'Ottawa soutient la cause de l'Empire britannique.

1923
Après avoir habité à Berthierville et à Joliette, la famille Gélinas déménage à Saint-Jérôme où Mathias est agent d'assurances et Genèva ouvre un magasin de chapeaux dans leur logement.

1923
Allemagne : premier congrès du Parti national-socialiste, parti présidé par Adolf Hitler. Quelques mois plus tard, il déclenche un putsch à Munich, qui échoue et le conduit en prison.

Gratien commence son cours classique au juvénat des pères du Saint-Sacrement, à Terrebonne.

Turquie : Mustafa Kemal proclame la République turque.

1924
Gratien poursuit quatre autres années du cours classique au Collège de Montréal. Il s'initie à l'art de l'élocution et consacre ses loisirs au théâtre amateur.

1924
URSS : mort de Lénine ; il est remplacé par une « troïka » dont fait partie Joseph Staline. L'Union soviétique est reconnue par plusieurs pays européens.

1928
Obligé d'abandonner ses études à cause des problèmes financiers de sa famille, Gratien devient vendeur chez Dupuis Frères puis teneur de livres à la compagnie d'assurances La Sauvegarde et vendeur de chaussures chez J. B. Lefebvre les fins de semaine.

1928
Paris : 63 États signent le pacte Briand-Kellogg, qui condamne le recours à la guerre pour régler les différends internationaux.

1929
Gratien fait partie d'une troupe de théâtre amateur, Le Cercle Saint-Stanislas.

1929
États-Unis : le jeudi noir, 24 octobre, la Bourse de New York s'effondre, c'est le krach de Wall Street.

**GRATIEN GÉLINAS
ET SON MILIEU**

LE CANADA ET LE MONDE

1930

Gratien commence à courtiser Simone Lalonde, une jeune institutrice habitant Verdun.

1930

Québec : promulgation de la Loi de l'aide aux chômeurs.

Canada : victoire des conservateurs de Richard Bennett.

1931

Séparation définitive des parents de Gratien après un jugement de séparation de corps. Mathias s'enfuit aux États-Unis.

Avec des amis, Gratien fonde une troupe de théâtre amateur, Les Anciens du Collège de Montréal (ACM). Il entreprend des cours du soir aux Hautes Études Commerciales.

1931

Canada : le statut de Westminster confirme l'indépendance du Canada par rapport à la Grande-Bretagne dans les domaines national et international.

1932

Gratien joue un rôle dans *Blérot* sur la scène du Monument-National. Avec l'ACM, il participe à une cinquième production depuis la fondation de cette troupe.

1932

Canada : de nouveaux partis apportent des réponses à la crise : la CCF, Co-operative Commonwealth Federation, fondée par James Woodsworth, et le Crédit social, fondé par William Aberhart.

États-Unis : le nouveau président Franklin D. Roosevelt, démocrate, propose le New Deal, un plan de redressement économique.

1933

Gratien se joint au Montreal Repertory Theatre (MRT) et joue dans *Thespis en panne*, de Jean Béraud, et *Le cœur a ses raisons*.

1933

Québec : Maurice Duplessis est élu chef du Parti conservateur.

Allemagne : montée du Parti national-socialiste ou parti nazi, parti totalitaire qui rend les démocrates,

GRATIEN GÉLINAS ET SON MILIEU

J.-A. de Sève fonde la compagnie France Film.

1934
Gratien obtient son diplôme en comptabilité.

Il joue dans la pièce d'Henri Letondal, *Le cheval de course*, puis dans *Antoinette* et dans *Le pharmacien*, toutes trois produites par le MRT.

1935
Pour la première fois, Gratien joue en anglais, dans *The Merry Wives of Windsor*, de William Shakespeare. Il obtient un rôle dans le radioroman *Le curé de village*, de Robert Choquette, sur les ondes de CKAC.

Mariage avec Simone Lalonde.

1936
Gratien monologue et joue des rôles dans la revue d'actualité *Télévise-moi ça*, au théâtre Saint-Denis.

Naissance de Sylvie, premier enfant des Gélinas.

Lionel Daunais et Charles Goulet fondent Les Variétés lyriques.

Engagement de Rose Ouellette (La Poune) à la tête du théâtre National.

LE CANADA ET LE MONDE

les Juifs et les marxistes responsables des malheurs allemands.

1934
Allemagne : Adolf Hitler devient chef absolu de l'armée et du pays.

Chine : à la tête des communistes chinois, Mao Zedong entame la Longue Marche afin d'obtenir le soutien actif de la population et de faire une révolution paysanne plutôt que prolétarienne.

1935
Québec : la fusion du Parti conservateur et de l'Action nationale libérale de Paul Gouin amène la fondation de l'Union nationale par Maurice Duplessis.

France : premières émissions de télévision sur un écran.

1936
Québec : victoire électorale de Maurice Duplessis.

Canada : création de la Société Radio-Canada.

France : Léon Blum, chef du Parti socialiste, crée le Front populaire.

Alliance de l'Allemagne hitlérienne et de l'Italie fasciste.

Espagne : début de la guerre civile entre les nationalistes du général Franco et les républicains.

Du naïf Fridolin à l'ombrageux Tit-Coq

GRATIEN GÉLINAS ET SON MILIEU

1937

Sur les ondes de CKAC et en direct du théâtre Saint-Denis, Gratien signe la première émission du *Carrousel de la gaieté* où il crée le personnage de Fridolin.

Il quitte son travail de comptable à La Sauvegarde.

Naissance d'un premier fils, Michel.

Le père Émile Legault fonde la troupe de théâtre Les Compagnons de Saint-Laurent.

1938

Une première revue *Fridolinons*, avec Claude Robillard comme coscripteur, est présentée sur la scène du Monument-National.

Gratien personnifie Fridolin pour la deuxième année à la radio dans *Le train de plaisir*.

1939

Naissance d'Yves.

Production de *Fridolinons 39* sur la scène du Monument-National et, pour la seule fois, tournée pendant un mois. Gratien produira ainsi une nouvelle revue chaque année jusqu'en 1946.

LE CANADA ET LE MONDE

1937

Grande-Bretagne : couronnement de George VI.

Espagne : bombardement de Guernica par l'aviation allemande. L'événement est immortalisé par une toile de Picasso présentée à l'Exposition universelle de Paris.

1938

Anschluss : par un coup de force, Hitler rattache l'Autriche au Reich allemand.

Accords de Munich : la France et l'Angleterre, par crainte d'un conflit, acceptent l'annexion du territoire des Sudètes, une partie de la Tchécoslovaquie, par Hitler.

1939

Québec : victoire électorale du libéral Adélard Godbout.

Deuxième Guerre mondiale : l'invasion de la Pologne par l'Allemagne amène la France et la Grande-Bretagne à lui déclarer la guerre.

Canada : le pays déclare la guerre à l'Allemagne.

GRATIEN GÉLINAS ET SON MILIEU

Gratien est à la radio pour la dernière année dans *Le train de plaisir.*

Gabrielle Roy joue dans *Vie de famille,* un radioroman d'Henri Deyglun.

LE CANADA ET LE MONDE

États-Unis : le pays reste neutre dans le conflit mondial, mais fournit des armes aux Alliés.

Espagne : victoire du général Franco.

1940

Gratien joue le rôle principal dans *Le petit café,* de Tristan Bernard, avec le Montreal Repertory Theatre.

Naissance de Claude, qui meurt à l'âge de six mois.

1940

Italie : entrée en guerre aux côtés de l'Allemagne.

Capitulation de la France : alors que le gouvernement du maréchal Pétain s'installe à Vichy, le général Charles de Gaulle appelle les Français à la résistance et forme les Forces françaises libres.

1941

Gratien installe son bureau rue Saint-Denis et le transforme en studio de cinéma.

Achat d'un premier terrain à Oka. Au fil des années, Gratien se constituera un beau domaine face au lac des Deux-Montagnes.

1941

États-Unis : attaque des Japonais sur Pearl Harbor, à Hawaii. Les Américains déclarent la guerre au Japon et à ses alliés, l'Allemagne et l'Italie.

L'URSS entre en guerre contre l'Allemagne. Le conflit est devenu mondial.

1942

Naissance de Pierre.

Réalisation du premier film de Gratien, *La dame aux camélias, la vraie,* qui sera présenté dans le cadre de *Fridolinons 43.*

1942

Canada : le plébiscite sur la conscription est accepté par une majorité de Canadiens, mais refusé par une majorité de Québécois.

France : débarquement meurtrier à Dieppe ; près de la moitié des Canadiens qui y participent sont tués.

GRATIEN GÉLINAS ET SON MILIEU

1944

Naissance d'Alain.

Publication de *Au pied de la pente douce* de Roger Lemelin.

1945

Gratien joue avec Huguette Oligny dans *St. Lazare's Pharmacy*, de Miklos Laszlo, à Montréal et à Chicago.

Publication de *Bonheur d'occasion* de Gabrielle Roy et du *Survenant* de Germaine Guèvremont.

1946

Naissance de Pascal.

Gratien produit la dernière revue *Fridolinons*.

LE CANADA ET LE MONDE

1944

Québec : Maurice Duplessis reprend le pouvoir.

France : débarquement allié en Normandie sous le commandement du général américain Dwight D. Eisenhower.

1945

Québec : début de la période du duplessisme, action politique basée sur les valeurs traditionnelles, la terre, le travail, la famille et l'Église.

Europe : défaite de l'Allemagne et fin de la guerre. Découverte des camps nazis.

Japon : la première bombe atomique est larguée sur Hiroshima et met fin à la guerre en Asie.

Fondation de l'Organisation des Nations unies (ONU), dont le rôle est de maintenir la paix dans le monde et de veiller au maintien des droits fondamentaux de l'homme.

1946

Winston Churchill, premier ministre de Grande-Bretagne, nomme les pays sous domination soviétique « pays du rideau de fer ».

États-Unis : mise au point de l'ordinateur électronique.

GRATIEN GÉLINAS ET SON MILIEU

1948

Création de *Tit-Coq* au Monument-National. La pièce est reprise au Gesù à l'automne dans une nouvelle version.

Yvette Brind'Amour et Mercedes Palomino fondent le premier théâtre permanent de Montréal, le Rideau Vert.

Parution de *Refus global*, manifeste du groupe des automatistes dont Paul Émile Borduas est le chef de file.

Réalisation du film de Paul Gury, *Un homme et son péché*.

1949

L'Union des artistes et la Société des auteurs dramatiques soulignent la 101ᵉ représentation de *Tit-Coq* en remettant à Gratien une plaque de bronze.

Gratien reçoit un doctorat ès lettres *honoris causa* de l'Université de Montréal.

La pièce *Tit-Coq* s'installe à Québec où la troupe la joue pour la 201ᵉ fois.

Diffusion du radioroman de Pierre Dagenais, *Faubourg à m'lasse*.

LE CANADA ET LE MONDE

1948

Canada : Louis Saint-Laurent, libéral, devient premier ministre.

États-Unis : adoption d'un plan d'aide économique pour la reconstruction de l'Europe, le plan Marshall.

Inde : assassinat du leader nationaliste Gandhi un an après l'indépendance de l'Inde.

Proclamation par David Ben Gourion de l'État d'Israël.

1949

Canada : le pays devient membre de l'OTAN, l'Organisation du traité de l'Atlantique Nord, qui veille à la défense du monde dit libre.

Naissance de la République fédérale d'Allemagne (RFA), intégrée au bloc occidental, et de la République démocratique allemande (RDA), intégrée au bloc soviétique.

Chine : Mao proclame la République populaire de Chine.

Afrique du Sud : mise en vigueur de l'apartheid.

GRATIEN GÉLINAS ET SON MILIEU	LE CANADA ET LE MONDE
1950 Publication de *Tit-Coq* aux éditions Beauchemin. Création de la version anglaise de *Tit-Coq* à Montréal.	**1950** Québec : Gérard Pelletier et Pierre Elliott Trudeau fondent *Cité libre*, une revue qui s'attaque aux vieux thèmes du nationalisme traditionaliste.
	Guerre de Corée : la Corée du Nord communiste attaque la Corée du Sud. Intervention des troupes de l'ONU sous le commandement du général américain MacArthur.
1951 La version anglaise *Ti-Coq*, avec Huguette Oligny dans le rôle de Marie-Ange, joue à Toronto et à Chicago puis deux jours à New York où la pièce est un échec. Suivra une tournée en Ontario et au Québec. Fondation du Théâtre du Nouveau Monde.	**1951** Canada : publication du rapport de la commission Massey sur les arts, les lettres et les sciences, qui assigne à l'État un rôle de protecteur et de bailleur de fonds. Corée : la Chine envahit la Corée du Sud. Allemagne : fin du régime d'occupation.
1952 Mort de Mathias Gélinas, père de Gratien. Tournage du film *Tit-Coq*, réalisé par René Delacroix, produit par Gratien et par France Film.	**1952** Canada : début de la télévision canadienne. États-Unis : Dwight D. Eisenhower, républicain, est élu président. Grande-Bretagne : Elizabeth II devient reine.

GRATIEN GÉLINAS ET SON MILIEU	LE CANADA ET LE MONDE
1953 Première du film *Tit-Coq* au théâtre Saint-Denis à Montréal. Longue hospitalisation de Simone à la suite d'une crise cardiaque.	**1953** URSS : Khrouchtchev devient secrétaire général du Parti communiste à la mort de Staline. Corée : fin de la guerre.
1954 Opération à cœur ouvert de Simone à Philadelphie. Gratien écrit, en partie, et joue la série télévisée *Les quat'fers en l'air*. Fondation de la troupe des Apprentis-Sorciers et du premier théâtre d'été, à Sun Valley. Fondation du Conservatoire d'art dramatique.	**1954** Guerre d'Indochine : après la victoire des communistes vietnamiens à Diên Biên Phu, la France est contrainte de quitter le pays. Les accords de Genève partagent le Vietnam en deux États : le Vietnam du Nord et le Vietnam du Sud.
1956 Gratien écrit et produit *Fridolinons 56*. Au Festival de Stratford, en Ontario, il joue dans deux pièces de Shakespeare, *The Merry Wives of Windsor* et *Henry V* avec une partie de la troupe du Théâtre du Nouveau Monde (TNM) dont Jean-Louis Roux, Guy Hoffmann et Jean Gascon. Fondation de la troupe du Quat'Sous. Création du Conseil des Arts du Grand Montréal.	**1956** Moyen-Orient : l'annonce de la nationalisation du canal de Suez provoque l'attaque d'Israël contre l'Égypte et le débarquement franco-britannique à Suez pour protéger le canal. Intervention de l'ONU, qui dénoue la crise. Insurrection en Hongrie et intervention soviétique pour la mater. Indépendance du Maroc et de la Tunisie.

Du naïf Fridolin à l'ombrageux Tit-Coq

GRATIEN GÉLINAS ET SON MILIEU

1957

Gratien est élu vice-président du comité exécutif du Conseil des Arts du Grand Montréal qui doit déterminer à quelles manifestations culturelles vont profiter les subventions de la Ville.

Cautionné financièrement par la brasserie Dow, il achète la salle de cinéma Radio City et fonde le théâtre de la Comédie Canadienne, théâtre consacré au répertoire canadien.

Il présente des *Fridolinades* au cabaret À la Porte Saint-Jean, à Québec.

1958

Inauguration de La Comédie Canadienne, avec la présentation de la pièce de Jean Anouilh, *L'alouette*, jouée également en anglais. Entrée remarquée de la dramaturgie québécoise sur cette scène avec la présentation de *Un simple soldat*, de Marcel Dubé, au printemps.

À la télévision, Gratien joue le rôle principal dans *The Man in the House*, traduction de *Médée*, de Marcel Dubé.

1959

Comédie Canadienne: création de la pièce de Gratien, *Bousille et les justes*.

LE CANADA ET LE MONDE

1957

Canada : John Diefenbaker, conservateur, est élu premier ministre.

Europe : création de la Communauté économique européenne (CEE) dans le but de préserver une identité européenne face aux deux grands, l'URSS et les États-Unis, en se dotant d'un parlement et d'une politique économique commune.

URSS : lancement du premier satellite artificiel (*Spoutnik*).

1958

France : Charles de Gaulle est élu président de la Ve République.

États-Unis : mise sur pied de l'Administration nationale de l'aéronautique et de l'espace (NASA) pour gérer l'exploration spatiale.

1959

Québec : grève des réalisateurs de Radio-Canada. Mort du premier ministre Maurice Duplessis ; Paul Sauvé lui succède.

GRATIEN GÉLINAS ET SON MILIEU	LE CANADA ET LE MONDE

**GRATIEN GÉLINAS
ET SON MILIEU**

LE CANADA ET LE MONDE

Mariage de Sylvie, seule fille des Gélinas, avec Bernard Sicotte.

Canada : Inauguration de la voie maritime du Saint-Laurent.

Cuba : révolution socialiste de Fidel Castro.

1960
Publication de *Bousille et les justes* aux éditions de l'Institut littéraire du Québec.

Les insolences du frère Untel, de Jean-Paul Desbiens, qui dénonce les carences du système d'éducation, connaît un grand succès.

1960
Québec : le Parti libéral de Jean Lesage prend le pouvoir et inaugure la Révolution tranquille.

États-Unis : élection à la présidence du démocrate John F. Kennedy.

1961
La version anglaise de *Bousille et les justes*, *Bousille and the Just*, est présentée à la Comédie Canadienne puis part en tournée à travers le Canada.

Aux prises avec un déficit de 115 000 $, l'équipe de la Comédie Canadienne cesse la production théâtrale. Grâce à Michel Gélinas, la Comédie devient une salle de spectacles à succès.

Fondation de L'École nationale de théâtre du Canada. Gratien est membre du comité qui met l'institution en marche.

1961
Québec : création du Conseil des Arts du Québec.

Canada : fondation du Nouveau Parti démocratique (NPD).

États-Unis : le pays s'engage dans la guerre du Vietnam.

Allemagne de l'Est : construction du mur de Berlin.

URSS : premier vol orbital d'un Soviétique, Iouri Gagarine.

1962
Diffusion en anglais et en français de *Bousille* à la télévision de Radio-Canada.

1962
Crise cubaine : sous la pression des États-Unis, l'URSS renonce à aider militairement Cuba. La solution pacifique de la crise

GRATIEN GÉLINAS
ET SON MILIEU

LE CANADA ET LE MONDE

accentue la détente entre l'Est et l'Ouest.

1963
Canada: Lester B. Pearson, libéral, devient premier ministre.

États-Unis: John F. Kennedy est assassiné à Dallas, au Texas.

1964
Première de la nouvelle revue de Gratien, *Le diable à quatre*.

Françoise Gratton, Gilles Pelletier et Georges Groulx fondent La Nouvelle Compagnie Théâtrale.

1964
États-Unis: sous Lyndon B. Johnson, successeur de Kennedy, l'escalade au Vietnam se poursuit et les émeutes raciales se multiplient.

URSS: Khrouchtchev est destitué de toutes ses fonctions et est remplacé par Leonid Brejnev et Alekseï Kossyguine.

1966
Création de la troisième pièce de Gratien, *Hier, les enfants dansaient*, à la Comédie Canadienne.

1966
Québec: Daniel Johnson, chef de l'Union nationale, devient premier ministre.

États-Unis: le *bill* des droits civils est adopté par le Congrès.

Guerre du Vietnam: les jeunes Américains contestent, préconisent l'amour et la non-violence.

Chine: Mao lance la Révolution culturelle prolétarienne.

1967
Mort de Simone Gélinas.

1967
Québec: Exposition universelle de Montréal. À l'occasion de sa visite,

GRATIEN GÉLINAS ET SON MILIEU

Création de *Hier, les enfants dansaient* en anglais (*Yesterday, the Children Were Dancing*), dans laquelle joue Huguette Oligny, à Charlottetown (Île-du-Prince-Édouard).

Gratien reçoit le prix Victor-Morin de la Société Saint-Jean-Baptiste.

1968

Gratien fait la mise en scène de *Docile*, de Guy Dufresne, et joue le rôle principal.

Publication de *Hier, les enfants dansaient* aux éditions Leméac.

Création des *Belles-sœurs*, de Michel Tremblay, au Rideau Vert.

Création de la Société de développement de l'industrie cinématographique canadienne (SDICC), l'ancêtre de Téléfilm Canada.

Denis Héroux réalise *Valérie*.

Mort de Louis Morisset, le 6 décembre, à l'âge de 53 ans.

LE CANADA ET LE MONDE

le président français Charles de Gaulle lance son fameux «Vive le Québec libre!»

Canada: le gouvernement fédéral décide de promouvoir le bilinguisme au sein de la fonction publique.

Moyen-Orient: nouveau conflit israélo-arabe, la guerre des Six-Jours.

1968

Québec: René Lévesque fonde le Parti québécois et prône la souveraineté-association.

Canada: le libéral Pierre E. Trudeau est élu premier ministre du Canada.

États-Unis: assassinat de Martin Luther King, apôtre de la non-violence, et de Robert Kennedy, défenseur des minorités.

Le républicain Richard Nixon est élu président.

Mai 68: contestation étudiante mondiale qui ébranle le pouvoir de De Gaulle en France.

Tchécoslovaquie: l'intervention des troupes du pacte de Varsovie à Prague met fin à l'espoir des Tchèques de se libérer du joug soviétique.

GRATIEN GÉLINAS
ET SON MILIEU

1969
Gratien est nommé président de la SDICC.

Lancement de la Fondation nationale de la Comédie, un organisme a but non lucratif qui s'occupe de la production de spectacles ; Gratien en est le directeur artistique.

Gratien traduit et met en scène *Rita Joe*, de George Ryga. Il joue dans *Red*, film réalisé par Gilles Carle.

1970
La comédie musicale *Hair*, traduite par Gratien et Gil Courtemanche, est jouée à la Comédie Canadienne.

LE CANADA ET LE MONDE

Québec : le projet de loi sur l'enseignement du français, le *bill* 63, provoque des manifestations.

1969
États-Unis : l'astronaute Neil Armstrong est le premier homme à marcher sur la Lune.

Yasser Arafat devient président de l'Organisation de libération de la Palestine (OLP).

1970
Claude Jutra réalise *Mon oncle Antoine*.

Québec : victoire du Parti libéral dirigé par Robert Bourassa.

Crise d'Octobre : l'enlèvement du diplomate britannique Richard Cross et du ministre du Travail Pierre Laporte, par le Front de libération du Québec (FLQ), amène le gouvernement fédéral à décréter la Loi sur les mesures de guerre qui suspend certaines libertés civiles.

France : mort de Charles de Gaulle.

GRATIEN GÉLINAS ET SON MILIEU	LE CANADA ET LE MONDE
1971 La Comédie Canadienne ferme ses portes et met à pied tous ses employés. Reprise de *Bousille et les justes* au Théâtre des Variétés.	**1971** Québec : le premier ministre libéral Robert Bourassa demande la reconnaissance d'un droit de veto du Québec à tout changement constitutionnel.
1972 Le Théâtre du Nouveau Monde achète la Comédie Canadienne. Gilles Carle réalise *La vraie nature de Bernadette*.	**1972** Québec : emprisonnement des chefs syndicaux qui défient le gouvernement Bourassa. États-Unis : début de l'affaire Watergate. Chine : première visite d'un président des États-Unis, Richard Nixon, en Chine communiste.
1973 Gratien épouse Huguette Oligny. Reprise de *Hier, les enfants dansaient* par les Comédiens Associés, une troupe dirigée par Yvan Canuel. Gratien accepte un nouveau mandat de cinq ans à la présidence de la SDICC.	**1973** États-Unis : le président Nixon est compromis dans l'affaire Watergate. Vietnam : retrait des Américains et chute de Saigon (aujourd'hui Hô Chi Minh-Ville). Moyen-Orient : conflit israélo-arabe (guerre du Kippour) qui entraîne une forte hausse du prix du pétrole. Chili : coup d'État du général Pinochet qui renverse le gouvernement socialiste de Salvador Allende.

GRATIEN GÉLINAS
ET SON MILIEU

LE CANADA ET LE MONDE

1975

Gratien signe une nouvelle mise en scène de *Bousille et les justes* créé à la Nouvelle Compagnie Théâtrale.

1975

Espagne : mort de Franco ; Juan Carlos devient roi.

Vietnam : l'armée du Sud capitule devant les communistes du Nord. Le pays est unifié l'année suivante.

Cambodge : prise du pouvoir par les Khmers rouges.

Liban : la guerre civile culmine entre musulmans et phalangistes.

1976

Bousille et les justes est repris par Jean Duceppe, dans son théâtre de la Place des Arts, à Montréal, au Trident, à Québec, au Centre National des Arts, à Ottawa, et en tournée, grâce au Théâtre populaire du Québec.

1976

Québec : le Parti québécois de René Lévesque remporte les élections.

États-Unis : le démocrate Jimmy Carter est élu président.

1977

Reprise de *Yesterday, the Children Were Dancing* au Peterborough Festival of Canadian Theatre, en Ontario.

1977

Québec : adoption de la loi 101, qui affirme la primauté du français au travail et sur la place publique.

URSS : Leonid Brejnev est élu à la tête du présidium du Soviet suprême.

1978

Gratien est boursier du Conseil des Arts du Canada pour la compilation de sa série de revues *Fridolinons*.

1978

Italie : assassinat du leader de la Démocratie chrétienne, Aldo Moro, par le groupe terroriste les Brigades rouges.

Vatican : élection du pape Jean-Paul II.

GRATIEN GÉLINAS ET SON MILIEU	LE CANADA ET LE MONDE
1979 Gratien est de nouveau boursier du Conseil des Arts du Canada dans le but d'écrire un recueil de nouvelles.	**1979** États-Unis : signature des accords de Camp David entre l'Égypte et Israël. Cambodge : fin de la dictature de Pol Pot. Iran : renversement du shah et instauration de la république islamique.
1980 Publication de *Les Fridolinades 1945 et 1946*, aux éditions Quinze. Trois autres tomes suivront.	**1980** Québec : référendum sur le projet de souveraineté-association du gouvernement péquiste. Le «non» l'emporte. États-Unis : le républicain Ronald Reagan, un ancien acteur, est élu président. Pologne : naissance du syndicat libre Solidarité ; Lech Walesa en est élu le président l'année suivante.
1982 Mort de Genèva Davidson, mère de Gratien, à l'âge de 95 ans.	**1982** Canada : rapatriement de la Constitution. Le Québec refuse de signer la nouvelle entente.
1984 Gratien tourne dans le film *Agnes of God*, de Norman Jewison. Mort de Rollande, sœur de Gratien.	**1984** Canada : le conservateur Brian Mulroney est élu premier ministre. États-Unis : mise sur le marché par la compagnie Apple de son ordinateur domestique Macintosh.

GRATIEN GÉLINAS ET SON MILIEU

1985
Le téléfilm *Tit-Coq* est présenté à Radio-Canada. Alain Gélinas joue le rôle principal et Gratien est le réalisateur.

1986
Création à Toronto de la quatrième pièce de Gratien, *La passion de Narcisse Mondoux*, jouée par Gratien et Huguette Oligny.

1987
La passion de Narcisse Mondoux est reprise au Rideau Vert, à Montréal. En même temps, un spectacle composé des anciens sketches de Gratien, *Les fridolinades*, est présenté à Ottawa, à Montréal et à Québec.

1988
Tournée nationale de *The Passion of Narcisse Mondoux*.

Mort de Félix Leclerc.

1989
The Passion of Narcisse Mondoux est jouée à New York.

Mort de Sylvie, fille de Gratien.

LE CANADA ET LE MONDE

1985
Québec : victoire du Parti libéral de Robert Bourassa.

URSS : Mikhaïl Gorbatchev est élu secrétaire général du Parti communiste.

1986
URSS : à Tchernobyl se produit le plus grave accident jamais survenu dans une centrale nucléaire.

1987
Québec : mort de René Lévesque.

Canada : signature de l'accord du lac Meech avec les provinces.

1988
Canada : signature d'un accord commercial de libre-échange avec les États-Unis.

France : réélection du président François Mitterrand, en poste depuis 1981.

1989
Québec : réélection du Parti libéral dirigé par Robert Bourassa.

Allemagne : chute du mur de Berlin.

GRATIEN GÉLINAS ET SON MILIEU	LE CANADA ET LE MONDE
1990 Tournée canadienne bilingue de *La passion de Narcisse Mondoux*. Gratien est nommé compagnon de l'Ordre du Canada et personnalité de l'année au Gala Excellence du journal *La Presse*.	**1990** Québec : événements de la crise d'Oka, qui symbolise le réveil autochtone. Canada : fondation du Bloc québécois, un parti nationaliste sur la scène fédérale. Russie : élection de Boris Eltsine à la présidence. Réunification des deux Allemagnes.
1995 Quatre émissions consacrées aux sketches des *Fridolinades* sont diffusées à la télévision de Radio-Canada. Gratien joue le rôle du vieux Jean-Baptiste Laframboise. **1999** Mort de Gratien Gélinas.	**1995** Québec : deuxième référendum sur le projet de souveraineté-association du gouvernement péquiste. Le « non » l'emporte.

Éléments de bibliographie

BEAULIEU, Victor-Lévy et Gratien GÉLINAS, *Gratien, Tit-Coq, Fridolin, Bousille et les autres*, Montréal, Stanké, 1993.

BÉRAUD, Jean, *350 ans de théâtre au Canada français*, Montréal, Cercle du livre de France, 1958.

BOURASSA, André G., « La dramaturgie contemporaine au Québec », *Le Québécois et sa littérature*, Sherbrooke, Éditions Naaman, 1984.

GÉLINAS, Gratien, *Bousille et les justes*, Québec, Institut littéraire du Québec, 1960 (édition originale). Plus récemment, cette pièce a été publiée en 1987 chez Leméac, coll. « Théâtre Leméac », n° 164, et chez Typo en 1994.

————, *Hier, les enfants dansaient*, Leméac, coll. « Théâtre canadien », 1968 (édition originale). Plus récemment, cette pièce a été publiée chez Quinze en 1988 et chez Typo en 1999.

————, *La passion de Narcisse Mondoux*, Montréal, Leméac, 1987 (édition originale). Cette pièce a été publiée de nouveau chez Quinze en 1992.

————, *Les Fridolinades*, tomes 1 à 4, Montréal, Quinze et Leméac, 1980.

————, *Tit-Coq*, Montréal, Beauchemin, 1950 (édition originale). Plus récemment, cette pièce a été publiée chez Leméac en 1987 (coll. «Théâtre Leméac», n° 163) et chez Typo en 1994.

GODIN, Jean-Cléo et Laurent MAILHOT, *Le théâtre québécois*, Montréal, Hurtubise HMH, 1970.

HAMELIN, Jean, *Le renouveau du théâtre au Canada français*, Montréal, Éditions du Jour, 1961.

HÉBERT, Chantal, *Le burlesque au Québec*, Montréal, Hurtubise HMH, 1981.

LEGRIS, Renée *et al.*, *Le théâtre au Québec*, Montréal, VLB, 1988.

SICOTTE, Anne-Marie, *Gratien Gélinas. La ferveur et le doute*, tomes 1 et 2, Montréal, Québec Amérique, 1995 et 1996.

Table des matières

DANGER

LE PHOTOCOPILLAGE TUE LE LIVRE

Cet ouvrage
composé en New Caledonia
corps 12 sur 14
a été achevé d'imprimer
en avril deux mille un
sur les presses de

MARC VEILLEUX IMPRIMEUR INC.

Boucherville (Québec).